SV

Band 1249 der Bibliothek Suhrkamp

Olof Lagercrantz

Marcel Proust oder Vom Glück des Lesens

Aus dem Schwedischen
von Angelika Gundlach

Suhrkamp Verlag

Titel der Originalausgabe:
Att läsa Proust

Erste Auflage 1997

Druck: Nomos Verlagsgesellschaft, Baden-Baden
Printed in Germany

»Wo ist jetzt Françoise französisch und frisch
die Säule die aufrechterhält?
Den Füßen der Herzogin zieht man die leuchtenden
  roten Schuhe an
wenn jemand stirbt«

(aus Mirjam Tuominens Gedicht
»Marcel Proust« 1954)

VORWORT

Ich habe mehrere Jahre lang Marcel Prousts Roman *Auf der Suche nach der verlorenen Zeit* gelesen und fast nichts anderes. Ich habe hineingestarrt in dieses gewaltige Gewebe und versucht, den Fäden zu folgen. Die Bücher sind zu einem Zuhause für mich geworden und haben mir Sicherheit geschenkt. Die Menschen, denen ich begegnet bin, habe ich in Beziehung zu den Gestalten des Romans gesehen. Die Gegenwart mit ihren Umwälzungen war, so schien es mir, klarer für mich, als ich Proust an meiner Seite hatte. Jetzt, wo ich ihn verlasse, fühle ich mich wie ein verirrtes Kind.

Marcel Proust ist heute überaus berühmt. Er kann sich messen mit Dante, Shakespeare und Goethe, und wie sie hat er eine ganze literarische Industrie ausgelöst, in der sich das leichte Gut mit dem schwereren und gewichtigeren mischt. Sein Ruhm kann jedoch den, der sich ihm nähert, nicht abschrecken, denn er ist überwältigend menschlich.

Ich kenne nur einen geringen Teil der Proust-Literatur. Dem *Roman* habe ich den größten Teil meiner Zeit gewidmet. Es ist nicht nur möglich, sondern wahrscheinlich, daß die Beobachtungen, von denen ich berichte, schon gemacht und den Proust-Forschern wohlbekannt sind. Deswegen geniere ich mich nicht. Jeder hat das Recht, auf seine eigene Weise durch eine große Dichtung zu reisen.

Vielleicht habe ich weit mehr als in meinen früheren

Büchern für mich selber geschrieben. Das liegt daran, daß ich unsicher war, wer mein Leser ist.

Ich hoffe, das Buch kann auch von denjenigen gelesen werden, die Prousts Roman gar nicht kennen, daß diese mich als stellvertretenden Leser betrachten. Ich habe versucht, so zu schreiben, daß sie nicht vom Wege abkommen.

Öfter habe ich an diejenigen gedacht, die ein oder zwei Bände des Romans gelesen haben und dann durch die Mannigfaltigkeit und den Streß des Lebens am Weiterlesen gehindert wurden. Zu ihnen habe ich selbst einmal gehört. In meiner Erinnerung leuchteten damals einige unvergeßliche Szenen, und ich sehnte mich zurück zu dem Roman und nach mehr.

Diejenigen schließlich, die mit Proust vertraut sind, werden, hoffe ich, in meinem Buch das Glück wiedererkennen, das Proust vermittelt. Widerstreben ihnen meine Interpretationen und haben sie andere, die ihnen mehr zusagen, erwarte ich die Nachsicht, die in der Nachbarschaft eines großen Werks geboren wird.

Drottningholm, 23. Mai 1992

DIE SAMSTAGIADE

1

In Marcel Prousts Roman *Auf der Suche nach der verlorenen Zeit* erzählt ein Mann, der mit dem Autor nicht identisch ist, ihm aber nahesteht, von seinem Leben. Dieser Mann wird hier, wie in der Proust-Literatur gebräuchlich, der Erzähler genannt. Die Zeit ist die Jahrhundertwende 1900 und einige Jahrzehnte davor und danach. Die Eltern des Erzählers gehören zum wohlhabenden Pariser Bürgertum. In seiner Kindheit verbringt er Ferien und Sommer bei Großvater und Großmutter in der Kleinstadt Combray, und die Erinnerungen daran sind entscheidend für sein ganzes Leben. Die Familie hat eine langjährige Dienerin namens Françoise.

Marcel Proust litt an Asthma. Man weiß, daß er seinen gewaltigen Roman hauptsächlich nachts schrieb, im Bett in einem mit Korkplatten isolierten Zimmer in Paris. Der Roman aber ist alles andere als stickig. In Combray hatte der Optiker in seinem Schaufenster eine kleine Figur, einen Mönch, der je nach Barometerstand seine Kapuze abnahm oder aufsetzte. Der Erzähler erinnert sich oft an diese Gestalt und empfindet Verwandtschaft mit ihr. Jeden Augenblick wirken auf seine Erzählung Luftdruck, Temperatur und Wetterwechsel ein.

Ich werde in diesem Buch einigen Motiven des Romans folgen. Nur ein unbedeutender Teil seiner Mannigfaltigkeit wird in meiner Darstellung enthalten sein, doch ich will versuchen, nicht den kleinen Mönch im Schaufenster zu vergessen und daß der Roman unter freiem Himmel spielt.

In Combray, in der Kindheit des Erzählers, aß man samstags eine Stunde früher als gewöhnlich zu Mittag, denn Françoise mußte nach Roussainville auf den Markt. Das gab dem Samstag eine besondere Prägung.
»Die Wiederkehr dieses asymmetrischen Samstags war eines jener kleinen, lokalen, sozusagen innenpolitischen Ereignisse, die in ruhigen Lebensabläufen und geschlossenen Gesellschaften eine Art von nationaler Einheit schaffen und zum Lieblingsthema von Unterhaltungen, humorvollen Anspielungen und nach Lust und Laune übertriebenen Erzählungen werden; sie hätte den Kern eines Epenzyklus abgeben können, hätte einer von uns eine erzählerische Ader besessen.«
Ein solches Erzähltalent gab es in der Familie. Der Erzähler macht sich sofort daran, ein Samstagsepos zu schreiben, eine Samstagiade.
Die Familie geht nach dem Essen spazieren und hört verwundert die Turmuhr der Kirche Saint-Hilaire zweimal schlagen, während man an einem gewöhnlichen Tag noch bei Tisch säße. Sofort rufen alle im Chor: – Sie vergessen, daß wir heute eine Stunde früher gegessen haben, Sie wissen doch, es ist Samstag.
Proust wünscht, daß seine Leser angesichts seiner Texte das Gefühl haben, sich selbst zu lesen. Die Samstagiade erfüllt diese Forderung, denn jeder, der einer Familie

oder einem Kreis angehört, und sei er noch so unbedeutend, hatte schon teil an für Außenstehende unbekannten Regeln und Einsichten. Diese kleinen Geheimnisse, umhegt von der schöpferischen Phantasie, werfen einen Schimmer auf unser Leben.

Fremde, die das Samstagsgeheimnis nicht kennen, sind »Barbaren«. Ein Gentleman sucht um elf Uhr den Vater auf, trifft die Familie beim Mittagessen an und fragt verwundert nach dem Grund für diese frühe Mahlzeit. Er bekommt zur Antwort: – Natürlich, es ist doch heute Samstag! Eine Erklärung, die ihn nicht klüger macht, aber mehrere Wochen lang Gegenstand von Françoises entzückten Kommentaren ist. Daß es so dumme Leute geben kann!

Der französische Literaturwissenschaftler Gérard Genette diskutiert, ausgehend von der Samstagsepisode, die Bedeutung des *wiederholten* Ereignisses für die Inspiration eines Dichters. Es ist die regelmäßige Wiederkehr des Samstag-Mittagessens, die es zum Schlüssel eines Legendenzyklus macht.

Auf der Suche nach der verlorenen Zeit ist gegründet auf Samstagiaden. Schon der erste Satz des Romans lautet: »Longtemps, je me suis couché de bonne heure« – »Lange Zeit bin ich früh schlafen gegangen.« Gleich folgen Erinnerungen an Abende und Zimmer, wo der Erzähler mit dem Schlaf gekämpft hat. Die Kraft der Erzählung liegt im oft Wiederholten, bearbeitet von der Phantasie.

Als Proust in seiner Jugend Chardins Gemälde *Die arbeitsame Mutter* analysierte, richtete er sein Augenmerk auf einen kleinen Hund in der unteren rechten Ecke neben einem Nähkästchen mit einem Nadelkissen auf dem Deckel. Betrachten Sie, schreibt Proust, die Freundschaft, die zwischen diesem Nähkästchen und diesem Hund herrscht, »der jeden Tag an seinen angestammten Platz kommt, um in gewohnter Haltung seinen trägen und molligen Rücken an den weichen, unterpolsterten Stoff zu lehnen«.

Ein ganzes Programm liegt in dieser Art der Betrachtung von Chardins Gemälde. Alles, was bei Proust geschieht, ist verbunden mit heiligen Ritualen. Die Reise mit dem kleinen Zug von Balbec findet unzählige Male statt. Swann, der die Orchideen an Odettes Brust arrangiert hat, damals, als sie sich ihm hingegeben hatte, wiederholt die gleichen Worte und die gleiche Handlung. Tante Léonie empfängt jeden Sonntag Tante Eulalie und hört von dieser den Klatsch, der für ihre geistige Verdauung ebenso notwendig ist wie das Pepsin für ihre körperliche.

Das einzelne Ereignis, das, was nur einmal geschieht, verwelkt bei Proust wie eine Pflanze, die man aus ihrem Humus reißt und nicht begießt.

2

Es gibt einen Mythos um Marcel Proust, der Allgemeingut geworden ist und den er selber zum Leben erweckt und mit Eifer verteidigt hat. Er geht aus von einer Anzahl nahezu mystischer Erlebnisse. Am berühmtesten ist das Madeleinegebäck, getaucht in Lindenblütentee. Der Duft, der aus der Tasse aufsteigt, weckt die glückliche, lichtumstrahlte Erinnerung an die Gärten der Kindheit. Was Proust die unbewußte Erinnerung nennt, unzugänglich für die Vernunft, beginnt zu funktionieren, und der Roman kann geschrieben werden.

Doch Proust führt, wie so viele andere Dichter, seinen Leser auf die falsche Fährte, vielleicht weil das Madeleinegebäck ihn verzaubert und zugleich als Zauberer erscheinen läßt, in romantischer Kostümierung und bestrahlt durch die Gnade von oben.

Die Geschichte mit dem aufgeweichten Gebäck ist Dichtung. Es gibt sie in anspruchsloseren Versionen in Prousts frühen literarischen Versuchen. Das Madeleinegebäck ist dort ein Stück trockenes Brot und der Lindenblütentee gewöhnlicher Tee. Die unbewußte Erinnerung, der in der Proust-Literatur eine allzu große Rolle zugesprochen wurde, ist der Traum von einem intensiveren Licht als dem des Alltags, einer Erweiterung der Seele, die der Wirklichkeit eine höhere Dimension verleiht. Ich werde später in diesem Buch auf das Problem zurückkommen.

Marcel Prousts Roman ist kein versunkener seelischer Kontinent, den die unbewußte Erinnerung mit Hilfe verschiedener Arten von Madeleinegebäck wiedererschafft, sondern ein mit unermüdlichem Fleiß und kraft eines überlegenen Intellekts geschaffenes Kunstwerk. Der Titel *Auf der Suche nach der verlorenen Zeit* ist grob irreführend, unter anderem deshalb, weil Marcel Proust nicht einer vergangenen Zeit nachjagt, sondern

einer Wirklichkeit, die sich von den unerbittlichen Gesetzen der Zeit befreit hat, und damit auch vom Tod.
Kurz bevor sich Marcel Proust an seinen Roman machte, schrieb er ein kleines Buch, das unter dem Titel *Contre Sainte-Beuve* erst lange nach seinem Tod erschien. Es ist, wie der Titel angibt, eine Abrechnung mit dem führenden Kritiker des 19. Jahrhunderts und zugleich eine Liebeserklärung an die Dichter, die Proust selber verehrt und von denen er gelernt hat – Baudelaire zuvörderst.
Es enthält auch einen Aufsatz, in dem Proust über eine Entdeckung berichtet, die für seine Kunst entscheidend wurde.
»Und ich glaube«, schreibt er, »daß der Junge in mir (...) das feine und genaue Gehör hat, um bei zwei Eindrükken, bei zwei Ideen eine sehr feine Harmonie zu spüren, die nicht alle spüren. Was dieses Wesen ist, darüber weiß ich nichts. Doch wenn er diese Harmonie gewissermaßen erschafft, lebt er von ihnen, er richtet sich auf, keimt, wächst durch alles, was sie ihm an Leben spenden, und stirbt dann, da er nur von ihnen leben kann. (...) er kann aber wieder aufleben, wenn sich eine andere Harmonie zeigt (...) Nur er dürfte meine Bücher schreiben.«
Genau das tut dieser junge Mann, der immerhin einundfünfzig wird, bevor er seine Feder niederlegt. Im abschließenden Band des Romans kehrt Proust zum Gedankengang von *Contre Sainte-Beuve* zurück. Das Bild, das das Leben selbst uns gibt, bietet eine Vielfalt wechselnder Eindrücke gleichzeitig. Es hilft dem Autor

nicht, die Gegenstände aufzuzählen, die sich an dem Ort, den er beschreibt, befinden. Die Wahrheit »beginnt erst in dem Augenblick, in dem der Schriftsteller zwei verschiedene Objekte nimmt, die Beziehung zwischen ihnen herstellt (...) und sie in die unerläßlichen Ringe eines schönen Stiles faßt«.

Und Proust fährt fort, daß der Autor, »sogar erst, wenn er, wie es das Leben tut, auf seine Qualität verweist, die zwei Empfindungen gemeinsam ist, und ihre Essenz erst dadurch freimacht, daß er die eine mit der anderen (...) in einer Metapher vereinigt«, sie der Zeit und ihren ständigen Veränderungen enthebt.

Es gibt, in der gewaltigen Textmasse des Romans hier und da verstreut, eine Anzahl großer Parallelszenen, die die gleiche Rolle spielen wie die ausführlichen Gleichnisse in der *Ilias* und Dantes *Göttlicher Komödie*. Sie erweitern den Horizont und heben die Erzählung über die Zeit.

Am Strand von Balbec, einem Badeort an der Küste der Normandie, wo der Erzähler Ruhe und Erholung sucht, begegnet er eines Nachmittags in Begleitung seiner Großmutter der Prinzessin von Luxemburg, Mitglied eines regierenden Fürstenhauses und darum in unerreichbar hoher sozialer Position. Die Prinzessin möchte durch übertriebene liebenswürdige Demut betonen, sie sei nicht hochmütig – eine Attitüde, die beweist, daß sie es ist –, und dem Erzähler fällt ein, sie verhalte sich wie gegenüber gutmütigen Tieren in einem Käfig im Jardin d'Acclimatation. Die Großmutter wird in der Vorstellung des Lesers in eine Ente oder eine Antilope verwandelt, die mit ausgestrecktem Maul auf ein Stück Brot warten. Der Strand und der Tierpark schieben sich ineinander und verdeutlichen sich gegenseitig, und über ihnen entsteht eine neue Szene.

Im selben Sommer in Balbec, der eine wichtige Station im Leben des Erzählers bezeichnet, leuchtet beim Abendessen im großen Speisesaal des Hotels elektrisches Licht – noch eine Neuheit. Draußen liegen Meer und Strandpromenade jetzt im Dunkeln. Dort drängen sich Balbecs Arbeiterbevölkerung, Fischer und Kleinbürgerfamilien, um durch die Scheiben Zeugen des Lebens drinnen zu sein.

Der Speisesaal nimmt sich dabei für sie wie ein riesiges wunderbares Aquarium aus und die Lebensweise der Gäste als ebenso unbegreiflich wie die von Fischen und Mollusken. Und vielleicht gibt es dort draußen in der Menge, sagt der Erzähler, irgendeinen Schriftsteller oder Liebhaber menschlicher Ichthyologie, der sich ein Vergnügen daraus macht, die Meeresungetüme nach Rassen zu klassifizieren.

In diese Schilderung schiebt Proust eine Parenthese ein, überraschend durch eine pädagogische Deutlichkeit, die der Autor sonst scheut. Die »große soziale Frage ist die, ob die Glaswand immer das Fest der Wundertiere umhegen wird, oder ob nicht die unbekannten Leute, die gierig in der Nacht mit dem Blick etwas zu erhaschen suchen, eines Tages kommen, sie aus dem Aquarium holen und verspeisen werden«.

Hier findet sich das gleiche Aufblitzen aus aufrührerischen Tiefen wie in den Repliken der Kohlenträger in

Strindbergs *Ein Traumspiel* und in dem Kettenklirren der Gefangenen in Conrads *Herz der Finsternis*.

Doch auch außerhalb der großen Parallelszenen stellt man bei Proust fest, daß jeder Mensch, jede Szene, ja, bald jede Zeile eine Parallele hat, einen Schatten, der ihnen folgt. Ein Gegenstand, der nicht mit etwas anderem verbunden und so aus seiner Gefangenschaft in Raum und Zeit befreit wird, ist ein toter Gegenstand, bedrückend und unerträglich. Erst wenn Proust einen Menschen findet, der einem anderen Wesen in Kunst, Literatur oder Alltagsleben gleicht und dem durch diese Gleichheit die Möglichkeit zur Flucht aus der Zeit und seinem eigenen engen Schicksal gegeben wird, kann dieser in seine geschaffene Welt eingehen. Es kommt wohl vor, worauf Arne Melberg hingewiesen hat, daß Proust beinahe manisch und manieriert Gleichnisse aufeinanderstapelt. Doch gleich darauf stellt Melberg selbst die relevante Frage: »Will uns Proust daran erinnern, daß nichts ist, wie wir glauben, daß es ist?« Das eben will er.

Proust stellt sich vor, daß die Wahrheit unseres Lebens durch Gewohnheit und Konventionen verborgen ist. Es liegt eine Eisdecke über dem lebendigen Wasser. Der einzige Weg, dorthin vorzudringen, ist, die Schönheit von etwas nur in etwas anderem zu sehen. In diesem Sprung von einem Eindruck zu einem anderen geschieht die Verwandlung. Die Metapher ist die Sprache der Seele.

3

Das herausragende Meisterstück unter den Parallelszenen ist eine Galavorstellung in der Oper mit Berma, der großen Schauspielerin, als Star. Diesmal gestaltet sie die Geständnisszene aus Racines *Phädra*. Der Zuschauerraum mit festlich gekleideten Mitgliedern der besseren Gesellschaft in vollen Logen wird mit einer Grotte in einem mythischen Unterwasserreich verglichen. Die kostbar geschmückten Frauen sind in Meerjungfrauen verwandelt. Mit nackten Schultern heben sie sich dem Licht entgegen. Sie sind mit Perlen geschmückt, und ihre leuchtenden Gesicher schimmern auf hinter dem leichten Rieseln und Schäumen der Fächer. Die roten Sofas der Logen sind Korallenriffe, und ein dicker Marquis, das Monokel fest an das große runde Auge geklebt, bewegt sich gravitätisch wie ein Fisch hinter den Glasscheiben eines Aquariums. Die befrackten Herren sind zu Meeresgottheiten mit blendendweißen Hemdbrüsten geworden. Sie bieten ihren Damen Konfekt an, das eher an göttliche Ambrosia denken läßt als an Pariser Pralinés. Am glänzendsten von allen sind die Herzogin von Guermantes und ihre Verwandte, die Prinzessin gleichen Namens, die sich in ihren raffinierten Toiletten wie Wassergöttinnen in den grünen Wogen heben und senken. Als der blaue Schimmer im Auge der Herzogin kurz dem des Erzählers unten im Parkett begegnet, ist es ein himmlisches, kein menschliches Wesen, das ihn in die hohe Gemeinschaft aufnimmt.

Wer in diese Grotte hineinsieht, bewundert die Kunst,

mit der sie geschildert ist, empfindet aber gleichzeitig einen unerklärlichen Schmerz. Vielleicht spiegelt er die nie befriedigte Sehnsucht des Erzählers, das Vollendete zu schaffen. Vielleicht hängt er zusammen mit Prousts Gefühl, nicht dazuzugehören – er, der homosexuelle Halbjude, das Kind, komme nicht ganz hinein, bleibe ein Geist, der außerhalb der Meeresgrotte schwebt und nicht begreift, worum es bei den Menschen dort drinnen geht.

Doch ich glaube, die Empfindung des Schmerzes hat ihren Ursprung vor allem in dem, was Walter Benjamin Prousts blinde, wahnsinnige, besessene Sehnsucht nach Glück nannte. Um das Glück zu erlangen, schreibt er, und das Schreiben ist sein Glück. Wenn er es auch nie ganz erreicht – dies ist unmöglich –, kommt er ihm nahe, und der Blick der Herzogin ist eine Bestätigung.

Ein paar Jahre bevor Proust mit seinem Roman begann, schrieb er an seinen Freund Antoine Bibesco: »Ich fühle die ganze Nichtigkeit meines Daseins, hundert Romangestalten, tausend Ideen verlangen danach, daß ich ihnen Leib und Leben schenke gleich jenen Schatten in der *Odyssee*, die Odysseus bitten, er möchte ihnen ein wenig Blut zu trinken geben, um sie ins Leben zu führen.«

Die Episode, auf die Proust anspielt, schildert, wie Odysseus in die Unterwelt eindringt, um vom Seher Teiresias sein zukünftiges Schicksal zu erfahren. In eine Grube in der Erde gießt er Honig, Mehl und das Blut eines von Kopf bis Fuß schwarzen Schafes, dem er die Kehle durchgeschnitten hat. Da stürzen die Toten herbei, um zu trinken und dadurch für einen Augenblick ins

Leben zurückzukehren. Unter ihnen seine eigene Mutter. Doch er ist gezwungen, sie fernzuhalten, obwohl er Tränen des Mitgefühls weint. Erst nachdem er Teiresias zu trinken gegeben hat, ist sie an der Reihe. Mutter und Sohn sprechen miteinander, und sie belehrt ihn über den Tod.

Nur einmal in *Auf der Suche nach der verlorenen Zeit* wird auf diese Episode angespielt, aber der ganze Roman ist eine ständig wiederholte Variante von ihr. Das Blut ist ein Symbol für die Kraft des Dichters, Schatten in lebendige Wesen zu verwandeln, und das gilt für den schöpferischen Prozeß allgemein. Proust aber betrifft dies in höherem Maße als andere, denn sein Roman spielt in einer Grenzlandschaft, in der sich Wesen ohne Blut in den Adern unter die lebendigen mischen. Der Dichter, unterwegs zwischen Schatten, erbarmt sich ihrer und gibt ihnen einen Mundvoll Blut. Ihre Wangen röten sich, und sie beginnen zu sprechen, um gleich darauf in die Schattenwelt zurückzusinken.

Der Erzähler und seine Mutter wohnen ihr Leben lang in derselben Wohnung in Paris. Irgend etwas aber stimmt hier nicht. Sobald die Erzählung es erfordert, verschwindet sie, reist ab, um einen kranken Verwandten in Combray zu pflegen, oder macht sich auf zu einem langen Besuch.

Sie ist in Wirklichkeit tot. Ebenso wie man früher in bestimmten Königshäusern der Majestät noch lange nach deren Hinscheiden warmes Wasser bereitete und für sie bei Tisch ein Gedeck auflegte, spielt der Erzähler mit der Mutter ein makabres Totenspiel, als habe er nicht den Mut zuzugeben, daß es sie nicht mehr gibt. Doch diese Schattenmutter kehrt ab und zu ebenso wunderbarerweise ins Leben zurück wie Odysseus' Mutter in der Unterwelt. Der Erzähler sieht sie – sie sind zusammen nach Venedig gereist – gealtert, traurig, weißhaarig an der Marmorbalustrade des Hotels sitzen und lesen. Als er sich nähert und sie ihn erkennt, schickt sie ihm aus der Tiefe ihres Herzens ihre mütterliche Zärtlichkeit entgegen. Proust läßt sie im Text hervortreten, voller Liebe in ihrem leidenschaftlichen Blick. Sie lebt, nachdem sie eben noch tot war. Jeder Mensch, der einem liebevollen Blick begegnet ist und empfunden hat, wie er in Vergebung und Freigebigkeit auf seinem Gesicht ruhte, erkennt sich wieder und hat teil an der Kraft, die ihm entströmt.

In Combray dominiert die Kirche Saint-Hilaire. Der Erzähler liebt sie, und seine Liebe wird dadurch sanktioniert, daß auch seine angebetete Großmutter, die eine zentrale Rolle auf der Bühne seiner Kindheit einnimmt, von der Kirche bezaubert ist und ihren Glockenturm als ein nahezu menschliches Wesen betrachtet. »Seine alte bizarre Erscheinung gefällt mir nun einmal. Ich bin sicher, daß er, wenn er Klavier spielte, nie ›trocken‹ spielen würde«, sagt sie. Eine Replik, die schon allein ausreicht, daß wir begreifen, wie verliebt der Erzähler in seine Großmutter ist.
Die Kirche nimmt in der Stadt wie im Roman einen zentralen Platz ein. Einer der Gründe für den luftigen Eindruck, den der Roman macht, liegt darin, daß der Kirchturm, der in den Himmel hinaufragt, immer wieder auftaucht. Im Turm der Kirche gibt es Raben, die bisweilen krächzend und beunruhigt ausfliegen, als sei der Turm verzaubert, nach einer Weile aber durch die Turmfenster zurückströmen, versöhnt mit der Abendstimmung.
Heute noch, sagt der Erzähler einmal, wenn ein unbekannter Passant, den er in Paris nach dem Weg fragt, auf einen Turm als Orientierungspunkt weist, muß dieser nur die entfernteste Ähnlichkeit mit Saint-Hilaire haben, damit der Erzähler seinen Spaziergang vergißt, unbeweglich stehenbleibt und in seinem Gedächtnis forscht. »Sicherlich suche ich dann immer noch, und

weit ungeduldiger, erwartungsvoller als eben noch, da ich ihn um Auskunft bat, meinen Weg, ich biege in eine Straße ein ... aber ... in eine meines Herzens.«

In dem engen Familienkreis, der in Prousts Roman widergespiegelt wird, ist die Vaterstelle leer oder beinahe leer. »Mein Vater hegte für meine Art der Begabung Geringschätzung«, sagt der Erzähler einmal, und eine solche Geringschätzung ist schwer zu ertragen. Anstelle des Vaters ist im Roman eine andere mächtige Gestalt – wenn auch unsichtbar – auf so gut wie jeder Seite gegenwärtig: der englische Kunstkritiker und Sozialreformer John Ruskin.

Prousts ganzer Roman ist in Gemeinschaft mit einem Toten geschrieben. Alle Kunstwerke sind solche Gemeinschaftsarbeiten, aber ich kenne keinen Dichter, der sich an seinen Meister so eng anschließt wie Proust. Obwohl Proust kaum Englisch konnte, widmete er mehrere seiner frühen dreißiger Jahre der Übersetzung von Ruskins Büchern und versah sie mit langen Einleitungen.

Proust schließt sich Ruskin mit einer Hingabe und selbstlosen Bewunderung an, die kennzeichnend für seinen Charakter und eine Voraussetzung seiner Kunst sind. »Es gibt keine bessere Art«, schreibt er einmal, »wenn man zum Bewußtsein dessen kommen will, was man selber fühlt, als zu versuchen, in seinem eigenen Inneren wiederzuerschaffen, was ein Meister gefühlt hat. In dieser tiefen Bestrebung bringen wir zusammen mit seinem unseren eigenen Gedanken ans Licht des Tages.« Diese Einsicht wurde für Prousts geistige Entwicklung entscheidend. Jeder Mensch, der seine Kräfte für

eine große Aufgabe anspannen will, sollte lernen, diese Wahrheit zu begreifen!
Ruskin war ein Interpret der Gotik. Er schrieb über die Entstehung des gotischen Baustils aus und in dem Zusammenhang nordischer Natur voll genialer Überzeugungskraft und mit ungewöhnlichem sprachlichem Schwung. Nach Ruskins Tod machte sich Proust auf zu Pilgerreisen zu den gotischen Kathedralen Frankreichs, die Ruskin beschrieben hatte.
Im Portal der Kathedrale in Rouen war Ruskin eine kleine liegende Gestalt aufgefallen, die er schilderte – knapp zehn Zentimeter groß und unter den Hunderten von Skulpturen schwer zu entdecken.
Die Figur stützt den Kopf in die Hand, und durch den Druck legt sich die Wange in Falten. Das Haar hängt in Strähnen. Ihr blinzelnder Blick verleiht ihr einen gequälten und gemeinen Ausdruck, beinahe den eines durchtriebenen Schlingels. Ihre Beine sehen aus wie Spargel. Es gibt nichts Schönes an ihr. Der mittelalterliche Künstler hatte die gleiche Lust an Grimassen und Frechheiten so nebenbei wie Gunnar Ekelöf in *Strountes* und *Grotesken.*
Ruskin denkt darüber nach, daß der kleine Monstermann nur die Aufgabe hat, einen kleinen Spalt im gewaltigen Skulpturengewimmel des Portals auszufüllen, und er bewundert die edle Vitalität (noble vitality) des unbekannten mittelalterlichen Künstlers, der ihn dorthin gesetzt hat.
Proust fuhr nach Rouen und fand – nach mühsamer Suche – die Figur. Auf ein paar inspirierten Seiten in

einem seiner Essays huldigt er Ruskin. Die kleine Figur, schreibt Proust, war so lange vergessen, verloren in dieser Heerschar stattlicher Skulpturen. Nach vielen Jahrhunderten kommt eines Tages ein fremder Mann und findet das »Ungeheuerchen« wieder. Nicht weit von ihm sieht man eine Skulpturengruppe, Tote darstellend, die beim Klang der Posaune des Erzengels aus ihren Gräbern aufstehen. Sie nehmen wieder ihre Gestalt an und werden lebendig und erkennbar. Auf die gleiche Weise hat Ruskin die kleine vergessene Figur wiederauferstehen lassen.

Ruskin, fährt Proust fort, sei kein unsterblicher Richter, sein Leib wird sterben. Aber was macht das aus? Er erfüllt seine unsterbliche Aufgabe, als ob er nicht sterben müßte. Unabhängig von der Größe des Objekts, das seine Zeit beschäftigt, und obwohl er nur über ein einziges Leben verfügt, verbringt er mehrere Tage vor einer der zehntausend Figuren einer Kirche. Er zeichnet sie. Er läßt sie mit den Ideen korrespondieren, die sein Gehirn in Bewegung setzen. Und die kleine harmlose und monströse Figur ersteht, gegen alle Erwartung, vom Tode auf, der für sie totaler zu sein schien als für alle anderen. Proust huldigt auf diese Weise seinem Meister und zeigt uns zugleich sein künstlerisches Programm.

Die Kirche Sainte-Hilaire war, schreibt der Erzähler, ein Gebäude von anderer Art als die übrige Stadt: ein »Bau, der sozusagen einen vierdimensionalen Raum einnahm – die vierte Dimension war die der Zeit – und der mit seinem durch die Jahrhunderte gleitenden Schiff von einem Joch zum anderen, von einer Kapelle zur anderen

nicht nur einige Meter zu durchmessen und zu überwinden schien, sondern aufeinanderfolgende Epochen«.
Das ist die Lehre Ruskins. Bevor der Roman endet, gewinnt der Erzähler Einsicht in diese vierte Dimension auch beim Menschen. Die Menschen, schreibt der Erzähler, nehmen einen unermeßlich ausgedehnten Platz ein, »da sie ja gleichzeitig wie Riesen, die, in die Tiefe der Jahre getaucht, ganz weit auseinanderliegende Epochen streifen, zwischen die unendlich viele Tage geschoben sind – (...) in der ZEIT«.
Nahe Combray liegt die Kirche Saint-André-des-Champs, von Proust auserwählt als Spiegelbild Frankreichs, von dessen Volk und Geschichte. Saint-André-des-Champs hat in ihrem Portal ein Gewimmel von gotischen Skulpturen – jüdischen Königen, Heiligen, Engeln und der Madonna persönlich.
Die Schöpfer dieser Werke – seit langem verstorbene und unbekannte Künstler – hatten Leute aus dem Ort als Modelle, und die Söhne und Töchter dieser Modelle bevölkern noch immer das Dorf, in dem die Kirche steht. Geht man die Dorfstraße entlang, begegnet man den Statuen in Fleisch und Blut, um sie im nächsten Augenblick aus Stein in der Kirche zu sehen.
Die Kirche ist der Garant für Leben und Erneuerung der Geschlechter. Sie verbindet die Schichten der Gesellschaft. Ihre ungeschriebenen Moralgesetze sind wahrhaft demokratisch, denn sie gelten gleichermaßen für Hoch und Niedrig. Der Erzähler fühlt sich heimisch in seinem Dasein, wenn er in seiner Umgebung Züge entdeckt, die in den Statuen ausgedrückt sind. In Albertine,

die seine große Liebe werden wird, erkennt er ein Bauernmädchen aus Stein im Portal wieder. Saint-Loups Stirn und ausgemeißelte Nasenlöcher haben ihre Entsprechungen aus Stein in der Kirche. Als der Weltkrieg kommt und junge Männer aus dem Dorf in den Schützengräben sterben, kommt es dem Erzähler vor, als stiegen die Steinengel von ihren Fundamenten und mischten sich unter die Soldaten.

Saint-André-des-Champs ist ein Bild für Prousts Roman. *Auf der Suche nach der verlorenen Zeit* ist mit einer Kathedrale als Modell aufgebaut. Wenn man das entdeckt, hört man bald die triumphierende Hymne an die Schönheit unter den Gewölben.

In Combray gibt es einen jungen Mann namens Théodore, Laufbursche in Camus' Kolonialwarenladen und gleichzeitig Kantor in der Kirche. Françoise ist weitläufig verwandt mit Théodore und hört von ihm nützlichen Klatsch, den sie an die bettlägerige Tante Léonie zu Hause weitergibt. Théodore gilt allgemein als großer Schlingel. Er ist es, der Gilberte in die Geheimnisse eines anspruchsvollen Pettings einweiht, eine Information, auf die Proust uns fast den ganzen Roman hindurch warten läßt.

Manchmal, wenn Tante Léonie so krank ist, daß Françoise sie nicht allein aus dem Bett in den Lehnstuhl setzen kann, ruft sie Théodore. Wenn er Tante Léonies Kopf vom Kissen hebt, hat er den gleichen naiv eifrigen Ausdruck wie die kleinen Engel, »die sich auf dem Flachrelief, eine Kerze in der Hand, um die schmerzvoll hinsinkende Muttergottes bemühten«.

Proust läßt eine Szene aus seiner Kindheit mit einer Skulpturengruppe in der Kirche Saint-André-des-Champs verschmelzen. Der lebendige Théodore wird hineinversetzt in die Skulptur aus Stein, geschaffen Hunderte von Jahren zuvor, von einem Künstler, der vielleicht einen von Théodores Vorvätern als Modell hatte. In der nächsten Sekunde ist Théodore zurück im Leben, nicht weniger roh und heimtückisch als zuvor, aber erleuchtet und verklärt von einem toten Künstler.

Der Erzähler vergleicht im letzten Teil des Romans seine Arbeit mit einer Kathedrale. In einem Brief von 1919 behauptet er sogar, er habe zeitweise daran gedacht, den Bänden Titel wie Portal, Apsisfenster zu geben. Er baut Szenen mit der Kathedrale als Modell. Als Swann bei der Soiree der Marquise von Saint-Euverte eintrifft, findet er die monumentale Treppe im Schloß voll von Kellnern und Bediensteten in glänzenden Livreen. Sie standen, schreibt der Erzähler, »wie Heilige in ihrer Nische unter dem Bogen ihres jeweiligen Portals in strahlendem Glanz, der durch eine gewisse Gutmütigkeit, wie sie dem Volk eigen ist, etwas gemildert wurde«.

Als kleiner Junge machte der Erzähler an der Hand seiner Mutter Neujahrsvisite bei Tante Léonie. Damals war Françoise noch Tante Léonies Köchin. Die Mutter instruierte den Jungen, auf ein Zeichen hin ein Fünffrancsstück der Dienerin zu überreichen, die sie im dunklen Vorzimmer in blendendweißer Haube mit Röhrenfalten empfing. Sie stand in der Tür wie »eine Heilige in ihrer Nische«, sagt der Erzähler und umgibt sie mit einer hintergründigen Wortschleife. Auf ihrem Gesicht erkannte man »den Ausdruck selbstloser Liebe zur Menschheit und gerührter Verehrung für die höheren Klassen, die in den besten Bezirken ihres Herzens durch die Hoffnung auf ein Neujahrsgeschenk noch gefestigt wurde«. Der Erzähler hat kein Wort über die Demütigung zu sagen, die es für Françoise bedeutet, aus der Hand eines kleinen Jungen dieses Almosen zu empfangen – eine Andeutung findet sich vielleicht in der Formulierung, das Geldstück finde »eine beschämte, aber doch ausgestreckte Hand zu seinem Empfang« vor. Das beobachtende Auge des Romans registriert, was geschieht, überläßt es aber dem Leser, selber zu urteilen. Françoise wird gedemütigt, und sie weiß es. Sie steht in der Nische des Vorzimmers und verschmilzt mit den Steinbildern in Saint-André-des-Champs. Wie Théodore lebt sie seit Jahrhunderten in der Gemeinschaft der Kirche – und der des Romans.

DAS KÜCHENMÄDCHEN UND DIE LIEBE

In der Erinnerung vieler Proust-Leser hat das anonyme Küchenmädchen in Combray eine besondere Nische. Das Mädchen arbeitet in Françoises Küche »in dem Jahr, als wir so oft Spargel aßen«. Sie ist eines der wenigen Wesen vom Boden der Gesellschaft, die im Roman vorkommen. Sie ist im letzten Stadium schwanger und angeschwollen bis ins Gesicht. Obwohl sie gegen Spargel allergisch ist, wird sie von der sadistischen Françoise ständig zum Schälen angestellt. Der Erzähler, noch ein Junge, sieht sie dort, wenn er einen Besuch in der Küche macht.

Charles Swann, der Freund des Hauses, der oft zu Besuch kommt, nennt sie scherzhaft Giottos CARITAS. Swann ist ein gelehrter Kunstkenner und Spezialist darin, Ähnlichkeiten zwischen Figuren in Kunstwerken und lebendigen Menschen zu entdecken. Hier, wie so oft im Roman, ist er ein Deckname für John Ruskin, der nicht nur die Kathedralen, sondern auch Giotto eingehend studiert hat.

Giotto, italienischer Maler im 14. Jahrhundert, ein Zeitgenosse Dantes, hat in einer Kapelle in Padua eine Reihe allegorischer Gestalten gemalt, die Tugenden und Laster darstellen. Über einer von ihnen, einer Frau, steht mit großen Buchstaben das Wort CARITAS, das heißt Liebe. Sie trägt ein grobes, steif fallendes Gewand, das ihre Figur verbirgt.

Der Erzähler in Prousts Roman kennt Giottos Bild seit

langem, denn Swann hat ihm eine Reproduktion geschenkt, die in seiner Studierstube hängt.
Die Caritas auf dem Gemälde steht hoch und starr da. Unter ihren Füßen liegen ein paar Säcke, die die Schätze der Welt symbolisieren. In ihrer rechten Hand hat sie eine Schale mit Früchten und Getreideähren. Um den Kopf trägt sie einen Kranz und ein Feuerkreuz. In der linken Hand hält sie ihr eigenes Herz und reicht es Jesus, einer kleinen Figur, die sich ganz oben in der rechten Ecke des Bildes hinunterbeugt und das Geschenk entgegennimmt.
Der Erzähler wird nicht andächtig gestimmt angesichts der tugendhaften Matrone. Er findet, sie gleiche eher einer Frau, die auf ein paar Säcke gestiegen ist, um höher hinaufzugelangen, und sie reiche ihr Herz Jesus mit der gleichen Geste, mit der eine Köchin einen Korkenzieher aus dem Kellerfenster jemandem hinhält, der vom Parterrefenster aus danach ruft. Caritas und das Mädchen in Françoises Küche werden auf diese Weise scherzhaft zusammengeführt.
Doch Proust begnügt sich nicht mit dieser äußeren Ähnlichkeit, er stiftet auch eine innere.
Das Mädchen in der Küche, schreibt er, trägt ihren schweren Bauch, das Zeichen der Schwangerschaft, ohne daß sich etwas von Schönheit und Sinn der Mutterschaft in ihrem Gesicht spiegelt, und gleicht darin Giottos Caritas, deren vulgäres Gesicht nicht die höhere Liebe ausdrückte, die sie symbolisieren soll.
Die Beobachtung kommt dem Leser so grausam wie einfältig vor. Hätte das arme Wesen, das ein ungewünschtes

Kind erwartete, vor Glück strahlen sollen? Doch Proust braucht den Gedanken für seine Argumentation. Der Erzähler behauptet, später erst habe er die besondere Schönheit und das eigentümlich Ergreifende an den Fresken Giottos begriffen. Das Symbol ist nicht als Symbol dargestellt, sondern als Wirklichkeit, »als wirklich erlebt und materiell gehandhabt«. Aus dem aufgesperrten Mund des Neides (Invidia) beispielsweise fährt eine Schlange heraus. Diese Methode schenkt dem Kunstwerk etwas Wörtlicheres und Eindeutigeres und machte es auf eine konkretere und überzeugendere Weise lehrreich.

Ähnlich mit dem armen Mädchen in der Küche. Die Aufmerksamkeit wurde ja unablässig auf ihren schweren Bauch gelenkt, »und ebenso«, fährt der Erzähler fort, »wendet sich auch sehr oft das Denken der Sterbenden ganz der wirklichen, schmerzvollen, tiefen, körperlichen Seite, jener Kehrseite des Todes zu, die er ihnen darbietet, die er sie grausam spüren läßt und die viel mehr einer Last gleicht, unter der sie zusammenbrechen, einer Schwierigkeit zu atmen, einem Bedürfnis zu trinken, als dem, was wir die ›Idee des Todes‹ nennen«.

Dreißig Seiten weiter in *Auf der Suche nach der verlorenen Zeit* – wir befinden uns in der ersten Hälfte der ersten Abteilung, wo die Ausdruckskraft größer ist als sonst irgendwo – kehrt das Küchenmädchen zurück, um dann für immer zu verschwinden.

Der Erzähler besucht wieder die Küche. Dort wird für das Abendessen Spargel vorbereitet. Der Erzähler beschreibt lustvoll die Farbabstufungen der Spargel, und jeder gebildete französische Leser dürfte ein berühmtes Manet-Gemälde mit einem Bund Spargel assoziiert haben. Was der Maler mit Farbe tat, machte Proust mit Worten.

Wie oft, wenn Proust Natur schildert, greift er zu erotisch gefärbten Personifikationen. Die Spargel erscheinen ihm wie köstliche weibliche Wesen, die sich spaßeshalber in Gemüse verwandelt haben. In der Nacht, nachdem der Erzähler Spargel gegessen hat, kehren diese Wesen in seinen Träumen mit derben und poetischen Spielen zurück.

Versunken in solche wollüstigen Phantasien, wo der Gott Onan nicht fern ist, wird dem Erzähler plötzlich das Küchenmädchen neben ihm in der Küche bewußt. Sie hatte neben sich den Korb mit Spargel. »Ihre Miene war jammervoll, als trüge sie alle Leiden der Welt.« Sie hat in diesem Augenblick einen schweren Allergieanfall.

Proust baut nun ein letztes Mal den Vergleich zwischen Caritas und Küchenmädchen aus. »Die leichten Azurkrönchen aber, die die Spargel oberhalb ihrer rosa Halskrause trugen«, schreibt er, »waren Stern für Stern so fein gezeichnet wie die zu Girlanden geflochtenen Blumen an der Stirn und im Korb der ›Tugend‹ von Padua.« Neben dem leidenden Kopf des Küchenmädchens sehen wir also das Feuerkreuz, das Caritas schmückt.

Nicht mit einem Wort deutet der Erzähler das Unanständige, das Verabscheuungswürdige dieser Darstellung an, in der der Besucher in der Küche von einem doppelten Genuß erfüllt ist, dem angenehmen und anregenden Ge-

schmack des Spargels und seinen erotischen Untertönen, während das Küchenmädchen leidet.
Kurz nach dem Besuch des Erzählers in der Küche aber wird das Küchenmädchen entbunden, und ein paar Tage nach der Entbindung bekommt sie einen nächtlichen Kolikanfall. Eine unwillige Françoise wird geschickt, ein medizinisches Buch zu holen. Françoise ist nach einer Stunde noch nicht zurück. Als der Erzähler geschickt wird, sie zu suchen, findet er sie über das Buch gebeugt, das eine ausführliche Schilderung der Qual des Küchenmädchens enthält. Der vorausschauende Arzt hat markiert, wo sie zu finden ist. Tränen des Mitgefühls strömen ihr über die Wangen. »O Gott, o Gott! Heilige Jungfrau! Ist es denn möglich, daß der liebe Gott ein armes Menschenkind so leiden lassen kann? Du lieber Himmel, die Arme!«
Als der Erzähler sie wieder zu ihren Pflichten zurückruft, hört ihr Weinen sofort auf. Es ärgert sie, daß sie sich wegen des Küchenmädchens Mühe machen muß. Sie äußert sich verächtlich über sie, erklärt, sie begreife nicht, wie sich irgendein Kerl mit so was einlassen könne, und zitiert ein altes Sprichwort:

> »Wer sich in einen Hundearsch verknallt,
> dem scheint er eine Rose.«

Diese Szene hat Schlüsselcharakter und kehrt im Roman in vielen Varianten wieder. Sie spricht eine Wahrheit aus, die sich in unserer Zivilisation leicht verifizieren läßt. Die ganze Menschheit sitzt vor dem Fernseher und weint über die Bilder leidender Menschen, macht aber die Tür zu, wenn einer von ihnen im Hausflur steht. In Prousts Roman gibt es zahlreiche Beispiele für unsere Fähigkeit, in der Phantasie zu erleben, womit uns zu befassen wir in der Welt der Wirklichkeit verweigern. Françoises Grausamkeit ist hier zufällig ausgewählt.

Das Küchenmädchen erhält kein Wort des Mitgefühls, doch sie sitzt in Prousts Text mit einem Feuerkreuz aus Blumen. Hält sich Proust für jemanden, der Giottos vergessene Kunst wiederaufrichtet, so wie Dante die antike Dichtung wiedererweckte? Giotto verzichtet darauf, den symbolisierten Gedanken zum Ausdruck zu bringen. Seine Gestalten weisen zumindest scheinbar, schreibt der Erzähler, einen Mangel an persönlicher Teilnahme an den geistigen Kräften auf, die sie vermitteln, und darin gleichen sie dem Dienstmädchen. Doch der Erzähler fügt hinzu: »Wenn ich später im Laufe meines Lebens, in Klöstern etwa, Gelegenheit hatte, wirklichen heiligen Personifizierungen der tätigen Nächstenliebe zu begegnen, dann hatten diese im allgemeinen das muntere, positive, gleichgültige und etwas schroffe Gebaren des eiligen Chirurgen an sich und ein Gesicht, auf dem kein Mitgefühl, kein Gerührtsein gegenüber dem menschlichen Leiden zu lesen stand, freilich auch keine Furcht, daran zu rühren, kurz, sie zeigten die Züge ohne Sanftmut, das unsympathische, erhabene Antlitz der wahren Güte.«

Ich glaube, hinter den Zügen ohne Sanftmut des Chirurgen muß man nach denen Prousts suchen. Er zeigt uns das leidende Küchenmädchen, die grausame Françoise, den ästhetisierenden Oberklassenjüngling auf Besuch in der Küche, und er hält sich vor das eigene Gesicht eine Maske der Objektivität. Er setzt sich dem Vorwurf aus, so herzlos wie unsympathisch zu sein.

Walter Benjamin schrieb am 23. Februar 1926 an Hugo von Hofmannsthal, Prousts problematische Seite liege in der gänzlichen Eliminierung des Sittlichen und sie sei zu verstehen »als die ›Versuchsanordnung‹ in dem immensen Laboratorium (...), wo mit tausend Reflektoren, konkaven und konvexen Spiegelungen die Zeit zum Gegenstand der Experimente gemacht wird«. Samuel Beckett verfolgt den gleichen Gedanken: »Es gibt kein Recht und Unrecht bei Proust oder in seiner Welt.« Die These wurde in Schweden oft wiederholt.

Ich kann nicht finden, daß sie richtig ist. Es gibt, das stimmt, kein ausdrückliches Mitgefühl auf den Seiten, wo das Küchenmädchen auftritt. Nicht einmal in der Nacht, als das ganze Haus von ihren Schmerzensschreien bei der Geburt widerhallt und Françoise niederträchtig langsam die Hebamme holen geht, gibt der Erzähler seiner Empörung Ausdruck. Wir erfahren nicht, was mit dem Kind geschieht, ob es überhaupt am Leben war. Das Mädchen muß wegen ihres Asthmas ihre Stellung kündigen und verschwindet aus der Erzählung.

Doch Proust bietet, das können wir nicht leugnen, sein Talent für Schönheit und Wahrheit auf. Er *sieht* die drei Gestalten in der Küche und stattet jede von ihnen auf seine Weise aus. Sie sind als Symbole zu deuten, und sie haben gemeinsam, daß sie sich nicht bewußt sind, was sie ausdrücken. Nur der Dichter hoch über ihnen weiß es und vielleicht der Leser, der so weit kommt.

DAS MUSIKALISCHE WERK

Prousts Roman ist ein Lebenswerk. Das Material, mit dem er arbeitet, hat er mit seinen eigenen Sinnen erfahren. Darüber geben die biographische Forschung und Prousts inzwischen zugängliche Briefe Auskunft. Wer sich die Mühe macht, hat bald die Hände voller Beispiele dafür, wie Proust die winzigsten Erfahrungskörner aus seinem ereignisarmen Leben benutzt und sinnreich in seine Darstellung einpaßt.

Wie jeder junge Künstler zweifelt er an seiner Berufung. Dies spiegelt sich im Roman auf extreme Weise. Dessen Held, der Erzähler, ist ein Mann, der sein geplantes Buch ständig aufschiebt. Als Prousts Roman zu Ende ist, hat der Erzähler noch nicht angefangen.

Wer *Auf der Suche nach der verlorenen Zeit* liest, gewinnt den Eindruck, gesellschaftliches Leben und erotische Genüsse stehen im Weg. Sie sind Umschreibungen für einen anderen und schwerer überwindbaren Widerstand, von dem nicht die Rede ist.

Der Leopard, der Löwe und die Wölfin sind die wilden Tiere, die in der Einleitung zur *Göttlichen Komödie* Dante daran hindern, die sonnenbeschienene Höhe zu erreichen. Er ist gezwungen zum Umweg durch Hölle und Fegefeuer. Doch durch das Hindernis kam seine Dichtung zustande. Es gibt Dante-Interpreten, die meinen, die wilden Tiere seien Symbole für den Widerstand im Inneren des Dichters, in die dunklen Tiefen einzudringen, die seine Seele sind.

Marcel Proust ist in der Situation Dantes; seine »wilden Tiere«, an denen er nicht vorbei kann, heißen Homosexualität, Judentum und Mutter. Er löst sein Problem ebenso wie Dante durch einen Umweg, und dieser wird zu seinem Roman.

Proust löst auf und fragmentarisiert, was er im Leben erfahren hat, und die Fragmente schlagen Wurzeln und wachsen. Auf seiner inneren Bühne entstehen neue geträumte Gestalten. Erinnerungen, Gefühle und Gedanken breiten sich aus und vereinigen sich bald mit der einen, bald mit der anderen. Zu Baron von Charlus, der zum Träger der Homosexualität des Autors wird, fliegen all die Probleme, die die Pervertierten betreffen, und beißen sich an ihm fest. Das Jüdische stürzt sich auf Swann, dessen Äußeres im Laufe des Romans immer jüdischer wird. Die Mutter und die gefährliche Verlockung, die sie ausübt, werden verkleidet und verwandelt, sind aber jeden Augenblick gegenwärtig.

Diese innere Bühne Prousts, deren Entstehung man in Prousts Jugendwerk verfolgen kann, gleicht einem musikalischen Werk. Jeder, der *Auf der Suche nach der verlorenen Zeit* gelesen hat, erinnert sich an das kleine Thema aus Vinteuils Violinsonate, das Swann und dann den Erzähler durchs Leben begleitet. Wir können sie nicht hören, denn sie ist komponiert von einem Komponisten, der nur in Prousts Einbildung gelebt hat. Dennoch hören wir sie ständig. Sie existiert dadurch, daß sie erwähnt wird.

Der Komponist Vinteuil ist einer der drei großen Künstler, die Proust in seinem Roman einführt. Die anderen sind der Dichter Bergotte und der Maler Elstir. Jeder von ihnen hat seinen eigenen Körper und seine eigene Art, dennoch sind sie als geheime Selbstporträts zu betrachten.

Als der Roman mehr als zweitausend Seiten fortgeschritten ist, dürfen wir einem Konzert in Madame Verdurins Salon beiwohnen, einem Ereignis von entscheidender Bedeutung für mehrere Gestalten des Romans.

Der Erzähler ist unter den erwartungsvollen Gästen und befindet sich wie immer jeden Augenblick in bester Lauscherposition. Alles oder beinahe alles, was im Roman geschieht, sind ja Spiegelungen in seinem Bewußtsein.

Zur Verwunderung des Erzählers sind die Musiker auf der Estrade zu siebt. Es soll also nicht Vinteuils Sonate für Violine und Klavier gespielt werden. Daß der Erzähler voller erregter Spannung auf das ist, was kommen wird, entnehmen wir seiner Bildsprache, die kühner wird denn je. Er schildert die Musiker, die ihre Instrumente mit einer Grazie traktieren, an die wohl nicht einmal Bellman herankäme. Der Cellist hält, sagt der Erzähler, sein Instrument mit geneigtem Kopf zwischen den Knien. Seine etwas gewöhnlichen Züge zeigten einen Anflug von Widerwillen in den Augenblicken, wenn er gefühlvoll aussehen wollte. Er neigte sich über sein Cello und betastete es mit der gleichen hausfraulichen Geduld, als putze er einen Kohlkopf ab.

Die junge Harfenistin neben ihm (dem Cellisten) war noch ein Kind, fährt der Erzähler fort, »im kurzen Rock, über die sich nach allen Seiten hin die horizontalen

Strahlen des goldenen Vierecks gleich jenen ausbreiteten, die in der Zauberkammer einer Sibylle in einer willkürlichen, jedoch durch Gewohnheit geheiligten Form den Äther darstellen sollen, bald hier, bald da an einem dafür vorgesehenen Punkt einen köstlichen Klang zu finden schien auf die gleiche Weise, wie sie als eine kleine allegorische Gestalt, vor dem goldenen Gitterwerk der Himmelswölbung aufgereckt, einen Stern nach dem andern hätte abpflücken können«.

Unter den sieben tritt besonders der Violinist Charles Morel hervor, der Boshafte, Baron von Charlus' Liebhaber, hier Vermittler himmlischer Botschaften. Eine Haarsträhne, die bis jetzt unsichtbar und in seinem Schopf verborgen war, hatte sich gelöst und lockte sich auf seiner Stirn.

Als die Musik beginnt, weiß der Erzähler nicht, was gespielt werden wird. Er wünscht sich, daß ein Geist oder ein junges Mädchen von hinreißender Schönheit, unsichtbar für alle außer ihm, wie in einem Märchen aus Tausendundeiner Nacht auftaucht und ihm das Geheimnis verrät.

In diesem Augenblick aber hat er wunderbarerweise teil an einer solchen Offenbarung. Das kleine Thema aus Vinteuils Sonate tritt ihm plötzlich entgegen, »wunderbarer als ein junges Mädchen, (...) von Silber wie von einem lichten Panzer eingehüllt, um und um von blitzenden, leichten schleierzarten Klängen überrieselt und dennoch wiederzuerkennen unter ihrem neuen Glanz«.

Der Erzähler begreift, daß er ein unveröffentlichtes Werk von Vinteuil hört, ein Septett, und widmet nun einige Seiten seiner Beschreibung. Das kleine Thema aus der Sonate hat den Erzähler auf die richtige Spur geführt. Bald entdeckt er weitere Verwandtschaften, Echos aus früheren Werken. Ein Ton des Schmerzes wird angeschlagen, variiert und gebrochen durch das Glücksgefühl, das das kleine Thema auszudrücken scheint.

Und plötzlich merkt der Leser, daß es Prousts eigenes Werk ist, das durch Vinteuils Septett hervorbricht, daß Details aus dem Leben des Erzählers in der beschriebenen Musik widerhallen. Die Kirchtürme von Martinville, die Bäume an der Eisenbahn nach Balbec sind darin. Der Erzähler meint im Tonstrom die Glocken aus dem Kirchturm von Saint-Hilaire zu hören. Er stellt sich vor, das Adagio sei davon inspiriert, daß Vinteuil in Andacht seine Tochter schlafen gesehen habe, so wie der Erzähler selber über der schlafenden Albertine gestanden hat. Er notiert die absichtlichen und unabsichtlichen Analogien. In einem Thema streift ihn ein Hauch der Maiandachten in der Kirche. Vinteuils Septett erscheint als ein in Tönen komponiertes Pendant zu seinem eigenen Werk.

Vinteuil, heißt es, unterhielt sich damit, die Themen im Septett aufzulösen und zu verändern. Sie verschwanden, tauchten aber im Tonstrom als Feen, Dryaden und Hausgottheiten wieder auf. Obwohl sie verkleidet waren, erkannte man sie wieder.

Prousts Roman ist wie das Septett auf einigen wenigen Motiven aufgebaut: dem verweigerten Kuß der Mutter, der Demütigung, ausgeschlossen zu sein, der Empfindung göttlicher Gegenwart in dem blühenden Weißdorn. Diese Motive sinken in die Traumwelt hinab und kehren in neuen Gestalten zurück. All die Gestalten im Roman, die stärker in Erscheinung treten, lassen sich auf eine einzige zurückführen, den Erzähler selbst. Im *Roman* und nicht im Septett tauchen Turm und Glocken von Saint-Hilaire ständig auf. Dadurch fühlt sich der Leser heimisch und kommt, trotz des gewaltigen Umfangs des Romans, nie vom Wege ab. Es kommt vielleicht vor, daß er nicht ganz genau weiß, wo er ist. Aber keine Angst! Da sind ja die bekannte Zauntür und das bekannte musikalische Thema, und es ist nur noch ein kleines Stück nach Hause. Nur die Tonart hat gewechselt.

In der Beschreibung des Septetts liegt eine unausgesprochene Eifersucht. Wer sich der Wörter bedienen muß, vermag niemals wie der Komponist das Unsagbare zu erreichen, das Prousts äußerstes Ziel ist. Wenn Proust seinen eigenen Roman als ein musikalisches Septett beschreibt, erhebt er einen gewaltigen Anspruch, den nämlich, daß sein Roman etwas gibt, das noch keinem vor ihm gelungen ist.

Der ausgebliebene Kuß fliegt auf die gleiche Weise durch den weiten Raum des Romans, wie die Erinnerung an Florenz oder Beatrice beim Pilger Dante auf der Wanderung durch die Totenreiche wach wird.

Dadurch, daß Proust die Darstellungsform eines musikalischen Werkes gewählt hat, ist es ihm möglich, sein Leben zu schildern, ohne es auszustellen. Die Wahrheit zu sagen, ohne sich zu verraten.

Bereits zu Beginn des Romans ist er kurz vor dem Einschlafen, und die Wirklichkeit des Traums mischt sich ständig mit der des Wachseins. Der Traum gibt wie das musikalische Werk Lyrik und Religion freien Spielraum. Jeden Augenblick kann der Vogel, der einst bei Tansonville gesungen hat, wieder seine Töne erklingen lassen und an ein unfaßbares Glück erinnern. Die lyrische und musikalische Art dieses Werkes ist es vielleicht, die sich am längsten und intensivsten bei den Lesern hält, die lange in Prousts Welt bleiben.

SWANN UND ODETTE

1

Charles Swann ist das männliche Idol des Romans. Als Kind pflegte sich der Erzähler an der Nase zu ziehen, damit sie würde wie die Swanns. Später im Leben, wenn er auf den Champs-Élysées Swanns seidengefütterten Mantel sich nähern sah, bekam er Herzklopfen. Swann ist die Personifikation snobistischer Eleganz.
Odette de Crécy, »die Dame in Rosa«, ist Swanns Gegenspielerin. Als sie der Erzähler als Jüngling bei Onkel Adolphe sieht und ihr die Hand küssen darf, ist er berauscht vor Verliebtheit. Vor der Tür steht ihre Equipage mit Nelken an den Scheuklappen der Pferde. Sie ist Die Sünde und Die Schönheit in immer wieder neuen extravaganten Mischungen.
Odette ist die am wenigsten geeignete Partnerin, die der verfeinerte und hochgebildete Swann hätte finden können. Da aber kein Mann in Prousts Roman andere als unsinnige und unmögliche Gegenstände seiner Liebe findet, warum sollte da Swann eine Ausnahme sein?
Erotisch jedoch passen Odette und Swann zueinander. Swann ist bekannt als unermüdlicher Frauenjäger. Noch als er sich auf dem Empfang des Prinzenpaars von Guermantes als Sterbender über die Hand der Marquise von Surgis beugt und im Ausschnitt ihren Busen sieht, erbeben seine Nasenflügel, schreibt der Erzähler, vom Duft der Frau berauscht, »wie ein Falter, der sich auf der von

weitem erspähten Blume niederzulassen gedenkt. Jäh riß er sich aus dem Schwindel zurück, der ihn erfaßt hatte, und Madame de Surgis selbst erstickte, wenn auch befangen, ein tiefes Aufatmen, so ansteckend kann zuweilen physisches Begehren sein.«

Odette muß sich da nicht verstecken. Sie war mit fast allen Männern des Romans im Bett. In Prousts Universum ist eine Verbindung mit ihr eine leicht erregende Legitimation.

Als Swann Odette begegnet, bringt er sie gleich in Zusammenhang mit Frauen in der Kunst. Wie für den Erzähler sind Parallelen lebensnotwendig für ihn.

Er entscheidet sich für Botticellis Gemälde *Moses und die Töchter des Jethro* in der Sixtinischen Kapelle – wie immer steckt Ruskin hinter der Wahl. Die schwärmerische Haltung des Erzählers Swann gegenüber ähnelt derjenigen Prousts gegenüber Ruskin.

Im Vordergrund von Botticellis Gemälde tränken zwei Frauen an einem Brunnen ihre Schafe. Moses hat einen Ägypter erschlagen und ist aus Furcht vor Strafe ins Land Midian geflohen. Die Frauen am Brunnen sind Töchter des Priesters im Land. Sie geben Moses Wasser, und die Schönste von ihnen, Sephora, wird seine Frau – siehe Zweites Buch Mose, Kapitel zwei.

Botticelli hat liebevolle Sorgfalt auf Sephora verwendet, deren Gesicht im Halbprofil gezeichnet ist. Ihre Züge sind schwer, traurig, und die Haut ist nicht perfekt. Ihr Blick ist mild fragend unter hochgezogenen Augenbrauen, und das blonde Haar fällt in weichen Wellen. Sie trägt üppige orientalische Kleider und strahlt Unschuld aus, doch ein schwarzer, drohend blickender Widder mit krummen Hörnern neben ihr scheint die Ruhe und die Harmonie der Frauengestalten zu bedrohen.

Swann beschafft sich eine Reproduktion des Gemäldes und betrachtet Sephora als eine Photographie von Odette. Fragmente des Bildes werden in seiner Phantasie auf die Frau überführt, die er liebt, und steigern ihre Schönheit. Er betrachtet sie als ein Gespinst meisterhaft geführter schöner Linien aus dem Gemälde, das er mit seinen Blicken aufdröselt: die Neigung des Nackens, den fließenden Fall des Haares, die Wölbung der Augenlider.

Odette ist vulgär, berechnend, kalt. Sie hat wenig gemeinsam mit dem Wesen, das Swann mit Botticellis Hilfe liebt. Doch sie ist nichtsdestoweniger eine würdige Partnerin für Swann.

Odette vermag, sagt der Erzähler, Details ihrer Kleidung mit der Aura von etwas Höherem zu umgeben als nur dem nützlichen Zweck. All ihre Kleider – sie sind Legion – haben eine gewisse Familienähnlichkeit, die nicht von ihrer Schneiderin oder Modistin erzeugt war, sondern von ihrer Persönlichkeit ausging. »Man spürte«, schreibt der Erzähler, »daß sie sich nicht nur nach Bedürfnissen der Bequemlichkeit kleidete oder um ihren Körper zu schmücken; sie wurde von ihrer Toilette eingehüllt wie von dem zarten, vergeistigten Apparat einer ganzen Kultur.«

Wenn Swann in seinen ästhetisierenden Liebesträumen selbstisch einsam ist, ist auch Odette sich selbst genug. Sie kleidet sich nicht für Männer, sondern für einen Gott der Kleider.

Der Erzähler studiert Odette wie Ruskin die gotischen Kathedralen. Er erkennt in ihren Kleidern, Gewändern, Mänteln und Morgenröcken Spuren früherer Formen und Traditionen. Ihre Haut läßt er kaum zum Vorschein kommen. Die Kleider leben, als hätten sie sich in lebendige Wesen verwandelt. Die Rosetten auf ihrer Bluse und ihrem Rock fliegen beim Gehen vor ihr her wie Schmetterlinge oder Amorinen. Ihr Porträt könnte Ulla Winblad darstellen und von Bellman gemacht sein oder Venus in der Tracht des 18. Jahrhunderts mit Amorinen und Cupidos, gemalt von Watteau.

Manchmal konnte man, sagt der Erzähler, »in dem blauen Samt einer Taille die Andeutung eines à la Henri II geschlitzten Wamses« ahnen, und ein andermal erinnerte eine Raffung in einer schwarzen Atlasrobe an »Paniers« der Louis-quinze-Mode.

Odette erscheint dem Leser zunächst im Wesen dem verfeinerten Swann unendlich unterlegen, denn er ist der autorisierte Sachwalter der Hochkultur, der die offiziellen Kulturinstanzen der Gesellschaft anhängen. Doch findet man bei Proust seelische Neubildungen, die seinen Interpreten nicht immer aufgefallen sind. Proust kartiert und benennt, was wir nicht gesehen und nicht gehört haben, weil es uns nicht wichtig erschien. Ist nicht Odette in ihrer Art, sich zu kleiden, eine Künstlerin, ebenso subtil und kühn wie Swann, wenn er Kunst und Musik analysiert, dazu erheblich origineller?

In Odette konzentriert sich das Interesse für Kleider, das Prousts Roman oft unter Beweis stellt, wenn auch halb im verborgenen, vielleicht, weil ein solches Interesse traditionell mit Homosexualität in Verbindung gebracht wird. Und Proust will sich nicht verraten. An einer Stelle läßt er uns wissen, daß Baron von Charlus ein passionierter Kleiderexperte war und von seinen Freunden Die Schneiderin genannt wurde. Ein mißtrauischer Leser könnte auf den Gedanken kommen, es sei der Baron, der notorisch Homosexuelle, der den Roman schreibt.

Ruskin zufolge spielten Kleider und Waffen in der klassischen Literatur eine entscheidende Rolle. Entferne die Kleider aus der *Ilias*, und nur die Hälfte bleibt übrig, schrieb er. Bei Proust dürfen die Kleider wichtige und nahezu selbständige Rollen in der Darstellung spielen. Kraft der Kleider ist Odette seelisch nicht so verarmt, wie der Leser anfangs zu glauben versucht war.

2

Swann spielt eine entscheidende Rolle zu der Zeit, als der Erzähler, noch ein Kind, einen verweigerten Kuß seiner Mutter erzwingt, ein Ereignis, das eines der wichtigsten Leitmotive des Romans ist.

An die Gartentür in Combray ist eine kleine Glocke montiert. Wenn sie läutet, ist es meistens Swann, der kommt. Die Glocke bedeutet Angst und wird den ganzen Roman hindurch zu hören sein. Ihr Klang ist nahezu das letzte, worauf der Erzähler in seinem Inneren lauscht, wenn *Auf der Suche nach der verlorenen Zeit* zu Ende geht.

Swann bleibt nämlich oft zum Abendessen, und das hat

für den Jungen eine verhängnisvolle Folge. Seine Schlafenszeit ist mitten beim Abendessen, und darum muß er seiner Mutter den Gutenachtkuß am Eßtisch geben statt des langen zärtlichen Abschieds am Bett, den er gewohnt ist. Da er eine krankhafte Bindung an seine Mutter hat, bereitet ihm dieser ausgebliebene Gutenachtkuß unaussprechliche Qualen.

Einmal, als das Unglück Swann trifft, kommt dem Erzähler kurz der Gedanke, Swanns Leiden sei eine Strafe für den Schmerz, den er ihm als Junge zugefügt hat. Linné, Autor von *Nemesis divina*, hätte zustimmend genickt. Die Verzweiflung, die der Junge darüber empfand, vom mütterlichen Segen ausgeschlossen zu sein, wird Swann im Übermaß auskosten können.

Swann geht, nachdem er sich in Odette verliebt hat, weiter auf seine erotische Jagd. Er hat oft eine kleine Arbeiterin bei sich in der Droschke, wenn er zu Odette unterwegs ist, und demonstriert so die Kluft zwischen Geist und Körper in seinem Wesen.

Odette hat sich in Swanns Vorstellung von Botticellis Bild nicht gelöst. Sie erscheint als Inkarnation einer höheren Wirklichkeit, und er bringt seine Geliebte in Zusammenhang mit dem kleinen Thema aus Vinteuils Sonate, das ich im vorangegangenen Kapitel erwähnt habe. Es läßt in ihm den Durst nach einem unbekannten Glück ganz anderer Art entstehen, als er bisher erlebt hat. Swanns Geist blüht auf, und die Darstellung dieser glücklichen Liebesexpansion gehört zum Einnehmendsten, was Proust geschrieben hat.

Doch er ist nicht bereit, sich das ganze Leben für sie zu

binden. Er läßt nicht zu, daß der Sensualist in ihm vom Träumer und vom Kunstkenner verschluckt wird.
Da gerät er in einen Gefühlssturm, der alles verändert. Eines Abends, als sich Swann mit Odette verabredet hat, ist sie schon aufgebrochen. In unsinniger Unruhe läuft er durch Paris, um sie zu suchen. Er kontrolliert alle denkbaren Restaurants. Er stürzt von Straße zu Straße. Er schickt seinen Kutscher, beim Suchen zu helfen, und verspricht ihm ein Geschenk, wenn er sie findet. Als der Kutscher zurückkommt, wagt Swann nicht zu fragen, ob die Expedition geglückt ist, sondern verfällt in für den Zusammenhang belanglose Gedankengänge. Er ist in Panik und beinahe verstört.
Swann erlebt die gleiche Angst wie der Junge damals, als er den Gutenachtkuß nicht bekam. Vom Jungen heißt es, daß er, allein in seinem Zimmer und ohne die Wegzehrung für die Seele, die der Kuß der Mutter bedeutet, die Fensterläden schließt und sich zwischen den Bettüchern ein Grab gräbt, mit dem Nachthemd als Leichentuch. Er ist bereit, sich der allerstrengsten Bestrafung auszusetzen, sich sogar in ein Internat stecken zu lassen, wenn nur die Mutter kommt und ihm den Kuß gibt. Er steht auf und wartet zitternd darauf, daß das Abendessen zu Ende geht.
Swann befindet sich im gleichen Zustand wie der Junge in seiner Grabkammer. Odette zu finden und zu gewinnen wird zur unabdingbaren Forderung.
Swann irrt weiter durch das Dunkel der Straßen. Einzelne geheimnisvolle Gestalten kommen ihm entgegen. Eine Frau nähert sich, flüstert ihm etwas zu und bittet

ihn, mit ihm gehen zu dürfen. Er streift ängstlich diese dunklen Körper, »als hätte er unter den Schatten des Totenreichs nach Eurydike gesucht«.

Da geschieht ein Wunder. Odette steht plötzlich in der Dunkelheit vor Swann, als sei sie aus dem Straßenpflaster geboren wie Venus aus dem Meer. Oder eher, als hätten Orpheus mit seinem Gesang und Proust mit seinen Worten sie dazu gebracht, in Fleisch und Blut aus den Schatten hervorzutreten.

Er steigt mit ihr in ihren Wagen. »Sie hielt einen Strauß Cattleyablüten in der Hand, und Swann sah durch ihr Spitzentuch hindurch, daß sie im Haar an einem Gesteck aus Schwanenfedern die gleichen Blumen trug. Unter ihrem Abendmantel hatte sie ein fließendes schwarzes Samtkleid an.« Die beiden Liebenden werden im Wagen hin und her geworfen, als das Pferd aus irgendeinem Grund auf die Seite sprang.

Ein Wunder war auch dem wartenden Jungen geschehen. Als das Abendessen endlich zu Ende war und der Vater sich entkleidet hatte, kommt er im Schlafrock mit einer Kerze in der Hand die Treppe herauf, um den Kopf seiner Neuralgien wegen einen rosa und violetten Kaschmirschal gebunden. Er sieht seinen unglücklichen Sohn und verstößt gegen alle guten Erziehungsprinzipien. Er sagt seiner Frau, sie solle die Nacht im Zimmer des Jungen schlafen, ein unfaßbares Glück, doch auch ein zweifelhafter Sieg.

Diese Szene ist überstrahlt von mystischem Licht. Der Schal um den Kopf des Vaters lenkt den Gedanken zu einem Turban, getragen von einem Kalifen, der über

Leben und Tod gebietet. Mein Schluchzen damals, sagt der Erzähler, als er viele Jahre später schildert, wie sich der Schein der Kerze in der Hand des Vaters die Treppe hinaufbewegt, kehrt wieder zurück. »In Wirklichkeit«, fährt er fort, »hat es niemals aufgehört; nur weil das Leben um mich jetzt stiller ist, höre ich es von neuem, wie jene Klosterglocken, die den ganzen Tag vom Geräusch der Stadt überdeckt waren, so daß man meint, sie schwiegen, und die in der Stille des Abends wieder zu läuten beginnen.«

Der verweigerte Kuß weckte eine unmäßige Forderung in der Brust des Jungen. Er wußte nicht, warum er weinte, nur, daß er nicht ohne die Nahrung sein konnte, die der Kuß der Mutter für seine Seele bedeutete. Dahinter lag eine andere, ungreifbare und unmögliche Wirklichkeit, die die Mutter ihm nicht geben konnte und durfte.

Swanns Sehnsucht nach Odette ist von der gleichen Art. Er kann nicht ohne sie leben. Sie ist aus dem Fresko herausgetreten und zu einer Frau aus Fleisch und Blut geworden. Doch sie ist eine Hure und kann Swann nie geben, wonach er sich sehnt.

Als die beiden Liebenden nach Hause fahren, rückt Swann die Cattleyablüten an ihrer Brust zurecht. Er berührt sie vorsichtig, zärtlich, mit einer Andacht, die wenig mit dem übereinstimmt, was Odette von einem Liebhaber erwartet. Für sie ist er derjenige, der ihre wirtschaftliche Lage und soziale Stellung sichern soll, eine Beute, während sie für ihn die aus dem Totenreich eroberte Eurydike ist, eine Möglichkeit zu leben, die gleichzeitig nicht existiert. Sie gibt sich ihm an dem Abend hin, und »die Cattleyas zurechtrücken« wird zur geheimen Losung der beiden Liebenden.

Swann hat Frauen ausgenutzt, zum eigenen Genuß und ohne sich um ihr Schicksal im geringsten zu kümmern. Nun wird er selbst ausgenutzt und in eine lebenslange Sklaverei gelockt. Die Gerechtigkeit nimmt ihren Lauf. Ob Proust ein solcher Gedanke bewußt war, weiß ich nicht.

In dieser auf einer Illusion beruhenden Liebe liegt das einzige Glück, das Swann im Leben geboten wird. Er hat sich vor dem Tod gerettet. Um nie mehr die Verlustangst erleben zu müssen, die er auf den Straßen von Paris durchlitten hat, heiratet er Odette.

Da aber seine Liebe ein Produkt der Verlustangst ist, stirbt sie in dem Augenblick, wenn Odette in der Nähe ist. Hier ist das Muster, wie ein Wasserzeichen in einem Schreibpapier, in Prousts Roman ständig sichtbar. Die maßlose Unruhe des Jungen, als ihm der Kuß der Mutter verweigert wurde, und Swanns Verzweiflung, als er Odette nicht fand, sind die primären Kraftquellen des Romans.

Ein goldenes Licht liegt über Swann bis zu seinem Tod. Die Nacht in der Unterwelt, als er Eurydike fand, ist sein großer Augenblick auf Erden. Was in seinem Leben noch folgt, ist nur ein Nachspiel, aber von Gewicht für Struktur und Sinn des Romans.

Auch über Odette, die Madame Swann wird und bald eine hohe Position in der Gesellschaft einnimmt, liegt weiter ein überirdisches Licht.

Wieder und wieder erinnert uns Proust, daß Madame Swann nicht allein ist. Hinter ihr, in ihr, über und unter ihr wandern andere Frauen, tot, aber dennoch am Leben. Er nennt den Namen Hypatia, Heldin von Kingsleys über die ganze Welt verbreitetem Roman, Königin der antiken Zivilisation im Alexandria des 4. Jahrhunderts, die von christlichen Fanatikern getötet wurde. Auch Odette gehört zu einer Kultur, die bedroht ist, sie aber wird trotzdem für immer weiterleben, als eine Königin der Kleider, ein Mensch, der sein Wesen in Stoffen, Schmuck und Pelzwerk ausdrückt.
Auf dem Höhepunkt ihrer Karriere promeniert Odette in der Allée des Acacias im Bois de Boulogne, umgeben von aufmerksamen Kavalieren, von denen ihr Mann Charles Swann der vornehmste und eleganteste ist. Die Allée des Acacias ist, sagt der Erzähler, wie die Myrtenallee in der *Äneis* nur mit Bäumen einer einzigen Art bepflanzt. Sie wird besucht von den berühmtesten Schönheiten von Paris.
Proust in seinem dunklen korkverkleideten Schlaf- und Arbeitszimmer mit den stets zugezogenen Gardinen beschreibt diese Promenade, wo Odette bald »in einer Polonaise aus Tuch, auf dem Kopf eine kleine mit einem exotischen Fasanenflügel geschmückte Toque, einen Veilchenstrauß im Ausschnitt«, zu Fuß geht, bald in einer eleganten Victoria unter einem malvenfarbenen Sonnenschirm dahinfährt, auf dem Kutschbock ein pelzbekleideter, kosakenähnlicher Riese. Sie schenkt den respektvoll grüßenden Herren das vieldeutige Lächeln der Kokotte.

Proust sagt uns nicht – da er voraussetzt, daß in uns ebenso wie in ihm die klassische Dichtung stets lebendig ist –, daß die Myrtenallee bei Vergil in der Unterwelt auf den *Feldern der Trauer* liegt und daß Äneas dort den Frauen begegnet, »die das grausame Gift unglücklicher Liebe verzehrte«. Unter ihnen Dido, die sich seinetwegen das Leben genommen hat und jetzt »grollend« vor ihm in die Dunkelheit flieht. Odette ist aus dem Totenreich heraufbeschworen wie der ganze Roman. Darum leuchtet es so stark um sie.

DER WEISSDORN, DER OCHSE, DIE BÄUME

Der Weißdorn

Wenn man in Combray einen Nachmittagsspaziergang machen wollte, gab es zwei Möglichkeiten – in Richtung Guermantes oder in Richtung Méséglise. Diese beiden Wege haben im Roman eine wichtige symbolische Bedeutung. Sie schlängeln sich durch alle dreitausend Seiten, um sich schließlich zu vereinigen. Es sind gelehrte Abhandlungen darüber geschrieben worden, wie sie funktionieren und was sie bedeuten.

Der Weg nach Méséglise wird auch Swanns Weg genannt, denn an ihm liegt Swanns Besitz Tansonville, wo sinnliche Genüsse locken. Der Weg nach Guermantes ist trotz der Seerosen im Fluß und des unbekannten Fischers der Weg der Geschichte und des Ehrgeizes.

Bei Tansonville blüht im Frühling in verschwenderischem Reichtum der Weißdorn. Auf dem Besitz wohnen jetzt im Sommer Swann und Odette mit ihrer dreizehnjährigen Tochter Gilberte.

Im Mai, wenn die Marienandacht gefeiert wird, geht die Familie zum Gottesdienst in die Kirche Saint-Hilaire. Die ganze Kirche ist mit kaum aufgeblühten Weißdornzweigen geschmückt. Auch der Altar selbst ist mit Weißdorn dekoriert. Die grünen Blätter und die weißen Knospen an den Zweigen, zu einer Festgirlande verbunden, leuchten zwischen den Kerzen und den heiligen Gefäßen hervor.

Der Erzähler bekennt, er habe bei diesen Andachten den Weißdorn liebengelernt. Er wird von nun an auch überall im Roman auftauchen und hat die gleiche Funktion wie das kleine Thema aus Vinteuils Sonate für Swann.

Der Junge wagt den Weißdorn nur verstohlen anzublikken, denn er empfindet ihn als lebendig. Erotische Bilder, bei denen der Weißdorn ein Brautkleid bildet, steigen in seinem Bewußtsein auf. Einige Blüten öffnen sich mit unbekümmerter Grazie und tragen auf eine derart ungezwungene Weise das Sträußchen der Staubgefäße, »daß ich«, fährt der Erzähler fort, »als ich in meinem Innern der Gebärde ihres Aufblühens zu folgen, sie nachzuahmen versuchte, mir sie als die leichtfertige, rasche Kopfbewegung, den koketten Blick, die verengten Pupillen eines unbeteiligten, lebhaften jungen Mädchens in Weiß vorstellte«.

Der nächste Satz enthält die Information, daß Monsieur Vinteuil und seine Tochter die Kirche betreten haben und sich »neben uns« setzen. Sie sieht aus wie ein kräftiger Junge, und darum wirkt die zärtliche Fürsorge ihres Vaters ein wenig lächerlich. Doch manchmal sah man, wie »unter dem maskulinen Gesicht des ›guten Kerls‹ die feineren Züge eines betrübten jungen Mädchens aufleuchteten und durchzuschimmern begannen«.

Obwohl wir ihr im Roman ausschließlich als einem von weitem beobachteten unglücklichen Wesen begegnen, ist sie dazu bestimmt, im Leben des Erzählers eine entscheidende Rolle zu spielen. Die Mischung aus Männlichem und Weiblichem, die sie aufweist, wird alle Frauen des Romans auszeichnen. Mademoiselle Vinteuil ist ein erster Entwurf.

Als der Gottesdienst in Saint-Hilaire zu Ende ist, beugt der Junge vor dem Altar das Knie und spürt plötzlich, wie von den Blüten ein bittersüßer Mandelduft zu ihm aufsteigt, während gleichzeitig hier und da auf den Kronblättern kleine gelbe Flecken hervortreten. Er stellt sich vor, der Duft müsse sich unter ihnen auf die gleiche Weise verbergen wie »unter den überbackenen Teilen eines Mandelcremetörtchens oder unter ihren Sommersprossen« der Duft der Wangen von Mademoiselle Vinteuil.

Die Weißdornzweige auf dem Altar liegen dort schweigend und unbeweglich, die Duftwolken aber zeugen von einem intensiven Leben, das den Altar vibrieren läßt wie eine ländliche Hecke, summend von nektarsuchenden Bienen. Die rotgelben Staubgefäße der Blüten verwandeln sich in giftige Insekten.

Die Szene in der Kirche strahlt vor Licht. Was geschieht hier, wenn auch im verborgenen? Hat der Junge an Mademoiselle Vinteuils Seite in der Kirchenbank einen Samenerguß? Riecht er das Sperma unter dem Stoff der Hose und nicht den Duft unter der Kruste des Mandelcremetörtchens?

Auf der Suche nach der verlorenen Zeit ist als Ganzes und in jedem Detail ein Rätsel, das zu seiner Deutung herausfordert. Die Natur, die Seerosen auf dem Fluß Vivonne, dessen Quellen, wohin der Erzähler nie gelangt, die Bäume und das Meer sind ebenso wie der Weißdorn Träger geheimer Botschaften. Wenn sich

Proust sicher fühlen kann, nicht verraten zu werden, schreibt er am allerbesten.

Einige Seiten weiter kehren die Weißdorne zurück. Der Junge sieht sie jetzt im Freien, in überwältigender Blütenpracht, auf einem Spaziergang mit der Familie bei Swanns Tansonville. Wieder steht ein verlockendes junges Mädchen im Zentrum. Der Großvater macht den Jungen auf einen Weißdornbusch aufmerksam, der im Unterschied zu allen anderen rosa ist. Er unterschied sich von den weißen in ebenso hohem Maße wie ein junges Mädchen im Festgewand von der übrigen Familie, die nicht ausgeht, sondern alltäglich gekleidet ist. Der rosa Busch steht da, wie für die Marienandacht gekleidet. Im selben Augenblick, wie er diese Beobachtung macht, entdeckt er im Park ein kleines rotblondes Mädchen mit einer Gartenschaufel in der Hand und erhobenem Gesicht.

Nicht die sommersprossige Mademoiselle Vinteuil steht auf dem Gartenweg, sondern die ebenso sommersprossige Gilberte, Swanns Tochter, die eine Liebe des Erzählers werden wird. Sie macht zum Jungen hin eine unanständig einladende Bewegung, er aber mißversteht und glaubt, die Geste drücke Verachtung aus. Er geht niedergeschlagen weg.

Gilberte verschmilzt mit dem rosa Weißdornbusch, zur Hälfte Busch, zur Hälfte Mensch. Sie ist umrahmt von unzähligen Frühlingsblumen, Jasmin, Levkojen, Stiefmütterchen, Verbenen. Auf dem Weg ringelt sich ein grüner Gartenschlauch – vielleicht als eine Erinnerung an die Schlange im Paradies –, und aus Öffnungen im

Schlauch steigt ein vertikaler regenbogenschimmernder Fächer aus Wassertropfen auf und mischt sich mit dem Duft der Blumen. Ein unsichtbarer Vogel irgendwo im Laubwerk der Bäume, heißt es, war bemüht, sich den Tag zu verkürzen, indem er einen lang anhaltenden Ton in die ihn umgebende Stille schickte. Doch der Vogel erhält nur ein einhelliges Schweigen zur Antwort, weswegen man den Eindruck hat, er halte nun für immer den Augenblick fest, »den er eben noch versucht hatte, schnell zum Enteilen zu bringen«.

Viele Jahre später erinnert sich der Erzähler, nun ein alter Mann, daß im Park bei Tansonville ein Herr gewesen war, der ihn mit leicht hervortretenden Augen angestarrt hatte. Auch diesen Blick deutete er damals als Verachtung. Es war jedoch Baron von Charlus, der den hübschen Jungen zum erstenmal sah und in Sehnsucht entflammte. Und in diesem Blick war auch Proust selbst.

Der Ochse

Die Natur existiert bei Proust nie ohne den Menschen, und zur Natur gehören Städte, Straßen und Häuser, auch sie umstrahlt von dem ganz besonderen Licht, das zu Proust gehört und das seinen Ursprung in den Zeitverschiebungen hat. Als leuchteten Sonnen aus mehreren Jahrhunderten gleichzeitig.

Da der Erzähler kränklich ist – Proust ist es in noch höherem Maße –, werden Beobachtungen der Welt oft durch ein Fenster gemacht. Dies ist eine Wiederholung

von Tante Léonies Spähen über die Straße in Combray. Proust arbeitet wie ein Maler, der seine Staffelei aufstellt und dort stehenbleibt, während in dem Panorama, das er einzufangen versucht, Veränderungen stattfinden.
Als der Erzähler und Albertine in der Wohnung des Erzählers in Paris zusammenleben, kommt es vor, daß sie im Wagen ausfahren. Einmal während einer solchen Fahrt streichelt er die jungen Frauen, an denen sie in dem blonden Sonnendunst vorbeikommen, mit den Blicken. Er schreibt: »Die Erregung, von der ich erfaßt wurde, wenn ich die Tochter eines Weinhändlers an ihrer Kasse oder eine Wäscherin auf der Straße plaudernd stehen sah, war die gleiche, mit der man Göttinnen erkennt. Seitdem der Olymp nicht mehr existiert, führen seine Bewohner ihr Leben auf der Erde, und wenn die Maler, um ein mythologisches Bild zu schaffen, für ihre Venus oder Ceres Töchter aus dem Volke haben Modell stehen lassen, welche den gewöhnlichsten Beschäftigungen nachgingen, so waren sie weit davon entfernt, ein Sakrileg zu begehen; sie setzten vielmehr nur diesen die Wesenheit, die göttlichen Attribute wiederum hinzu, die ihnen verlorengegangen waren, und erstatteten ihnen ihre alte Würde zurück.«
Proust beschreibt hier seine eigene Methode. Zahlreiche Kunstwerke sind bei ihm beschrieben. Auf den klassischen Gemälden abgebildete Menschen steigen herab und mischen sich mit den Personen im Roman.
Doch meist erreicht die Außenwelt den Erzähler und seine Geliebte durch die Fenster. Die Rufe der Straßenverkäufer und Melodien dringen herein. Der vornehme

Teil von Paris, wo der Erzähler wohnt, hat noch einen volkstümlichen Einschlag. Hoch und Niedrig waren damals noch mehr vermischt als heute, und der Handel fand nicht nur in den Geschäften statt. Auf der Straße draußen wimmelt es von Verkäufern aller Art, und sie lenken den Gedanken auf die Portale der Kathedralen in vergangenen Zeiten.

Schnecken, »das Dutzend nur sechs Sous«, »Frisch vom Boot, Austern, frisch vom Boot«, werden ausgerufen. Ein Mann verkauft Ziegenmilch und hat die Ziegen bei sich. Einer schert Hunde, ein anderer schleift Rasiermesser. Einige Verkäufer ziehen die Aufmerksamkeit mit Hilfe von Flöten, Pfiffen und Reimen auf sich.

Der Erzähler schildert das Leben der Straße, indem er Parallelen zu Oper, Ballett und Schauspiel zieht. Er hört im Vers über die frischen Schnecken die gleiche Volksmusik wie in *Boris Godunow* und glaubt beim Ruf des Lumpensammlers einer gregorianischen Strophe zu lauschen.

Die Verbindungen zwischen Straßenleben und Kunst lassen den Text abheben. Die Wirkung dieser Straßenoper wird dadurch verstärkt, daß bei der eben erwachten Albertine der Appetit geweckt wird und sie ruft: »Oh! Kohl, Karotten, Orangen! Alles Dinge, die ich schrecklich gern essen würde. Laß doch Françoise davon kaufen.«

Vielleicht gewinnt hier ab und zu ein zuckersüßer Ton die Oberhand, doch als ahne dies der Erzähler, läßt er uns in eine Metzgerei an der Straße blicken.

Darin sieht man links eine Sonnenaureole und rechts

einen enthäuteten, ausgenommenen Ochsen. Rembrandts Ochse im Schlachterladen, über den Proust in jungen Jahren geschrieben hat, ist in seinem Bewußtsein gegenwärtig, wird aber nicht erwähnt. Ein blonder, sehr großer und schlanker Fleischergeselle, dessen Hals aus einem himmelblauen Kragen herausragt, steht bei dem hängenden Tierkörper. Mit schwindelerregender Geschwindigkeit schneidet er und sortiert zur einen Seite das beste Ochsenfilet und zur anderen Seite die schlechtesten Schwanzstücke. Er wirft sie in blitzende Waagschalen, gekrönt von einem Kreuz, von dem feine blanke Ketten ausgehen.

Und obwohl seine Arbeit nur daraus bestand, Nieren, Entrecotes und Tournedos für die Auslage anzuordnen, erinnerte er, sagt der Erzähler, eher an einen schönen Engel, der am Jüngsten Tag für Gott die Seelen abwiegt und böse und gute voneinander trennt, je nach Qualität.

Im selben Augenblick, als der Erzähler diesen Sprung von der Zerlegung des Ochsen zum Jüngsten Gericht macht, hört man von der Straße wieder die dünne, klare Pikkoloflöte, die ein italienischer Verkäufer von Miniaturstatuetten traktiert. Der blutige und sadistische Einschlag der Straßenoper ist ein bitteres, aber frisches Gewürz. Proust dreht sich um und blickt zu Rembrandt.

Im dritten Teil des Romans schildert der Erzähler seine Begegnung mit der jüdischen Schauspielerin Rahel, der Geliebten Saint-Loups.

Dem Erzähler ist früh in seinem Leben Rahel für zwanzig Francs in einem Bordell angeboten worden. »Eine Jüdin! Lockt Sie das nicht?« hatte die Inhaberin des Hauses sie angepriesen, er aber hatte den Vorschlag abgelehnt. Sie hat ihn nie gesehen, was die etwas unglaubwürdige Voraussetzung für das ist, was kommen wird.

Saint-Loup weiß nichts von der Hurenexistenz seiner Geliebten und sieht in ihr eine Offenbarung alles Lieblichen und Edlen. Durch kleine, in der zweiten Hälfte des Romans hier und da eingeflochtene Sätze deutet Proust an, daß die Liebe des Erzählers zu Albertine ein Parallelfall ist.

Jetzt fehlt nur noch eine Szene für die geplante Konfrontation. Proust veranstaltet einen Auftritt zwischen Rahel und ihrem Hauswirt in Paris. Rahel hält sich, wie es sich für eine Schauspielerin schickt, Hunde, Affen, Kanarienvögel und einen Papagei. Besonders letzterer stört die Mieter. Rahel zieht im Zorn in einen kleinen Ort in der Nähe von Versailles.

Der Marquis von Saint-Loup und der Erzähler nehmen den Vorortzug zu Rahels Dorf. Es ist beginnender Frühling mit blühenden Obstbäumen in den kleinen Gärten am Weg. Die Bäume stehen da, schreibt er, wie »große weiße Festtagsaltäre«. »Es war«, fährt er fort, »wie eines jener poetischen, flüchtigen lokalen Feste – das aber in diesem Fall von der Natur veranstaltet wurde –, zu denen man am festgesetzten Tage von weit her erscheint.«

Der Erzähler wird einen Augenblick allein gelassen, da Saint-Loup geht, um seine Freundin abzuholen. Er sieht an den Fenstern junge Mädchen und vor den Häusern Flieder, die weiblichen Wesen in violetten Kleidern gleichen. Sie erinnern ihn an die Fliederpracht am Eingang zu Swanns Tansonville.

Er biegt in einen Pfad ein, kommt auf einen Acker, begegnet kühler Luft, »so frisch wie einst in Combray«. Ein wahres Abenteuer. Der kränkliche, ewig eingeschlossene Proust wird hinter dem Erzähler sichtbar. Proust ist auf einer Entdeckungsreise. Und sehr richtig gibt es in Prousts Biographie eine Notiz, er habe sich einmal an einem Frühjahrsmorgen, einen Pelz über dem Nachthemd, unrasiert, hohläugig und zum Schrecken der Einwohner im Auto in einem Vorort von Paris gezeigt, um noch einmal die blühenden Obstbäume zu sehen.

Ein Reisebericht über diesen Ausflug ist in den Text eingearbeitet. Wie immer versteht es der Erzähler, durch Vergleiche verschiedener Zeiten und Orte Tiefenwirkung zu erzielen. Die niedrigen Mauern um die Birnbäume bilden Räume ohne Dach, die »wie die Gemächer eines Sonnenpalastes wirkten, den man auf irgendeinem fernen Kreta hätte antreffen können«. Das ist die Methode Keats', wenn er in der *Ode an eine Nachtigall* die Ruth der Bibel, auf fremdem Boden weinend, dem Gesang der Nachtigall lauschen läßt. In der gewaltigen Zeitperspektive wird das Herz wunderbar befreit.

Auf dem Acker war, sagt der Erzähler, der am Bild der Bäume als lebendige Wesen festhält, »nicht weniger pünktlich als die Schar seiner Gefährten ein großer weißer Birnbaum erschienen, der lächelnd, gleich einem stofflich und greifbar gewordenden Lichtvorhang, seine im Winde konvulsivisch flatternden, doch von den Strahlen kühl und glatt versilberten Blüten der Sonne entgegenstreckte«.

In diesem Augenblick tauchen Saint-Loup und Rahel auf; der Erzähler erkennt sie wieder und ist gerührt und empört zugleich. Diese Frau, die jeder Beliebige für zwanzig Francs kaufen konnte, stellte für ihren Liebhaber »alles an Liebe, alle überhaupt erdenkliche Süßigkeit dieses Gefühls« dar. Der Erzähler, der vergessen zu haben scheint, daß er sie im Bordell nur aus der Distanz gesehen hat, beschreibt im Detail, wie sie sich mit einem Kunden verhält. Saint-Loups Liebe zu ihr beweist für den Erzähler die Kraft der menschlichen Phantasie und die Illusion, auf der der Liebesschmerz beruht.

Der Erzähler wendet seine Blicke von Rahel auf die blühenden Obstbäume. Sie enthalten das gleiche Wunder wie die Liebe Saint-Loups.

Die Bäume in ihrer Pracht wirken wie geheimnisvolle Wanderer, die eines Tages an dieser unseligen Stätte verweilen und ihre schützenden Flügel über ihr ausbreiten. Der Erzähler nennt die Bäume Wächter über Erinnerungen aus dem Goldenen Zeitalter, Bürgen der Verheißung, daß die Wirklichkeit nicht sei, was man glaubt, daß der Glanz der Poesie, der märchenhafte Schimmer der Unschuld darin aufleuchten können.

Waren nicht diese großen weißen Gestalten, die Obstbäume, Engel? Und ist nicht Rahel, so wie sie in Saint-Loups Phantasie lebt, ein solcher Engel?
Der Erzähler hat eine eigentümliche Assoziation. »Wenn ich diese Bäume im Garten für fremde Gottheiten ansah, hatte ich mich da nicht getäuscht wie Maria Magdalena einst in einem Garten (...), als sie eine Gestalt sah und sie für den Gärtner hielt?«
Im zwanzigsten Kapitel des Johannesevangeliums wird erzählt, wie Maria Magdalena am Ostermontag zu Jesu Grab kommt und es leer findet. Sie steht allein vor dem Grab und weint. Da erscheint Jesus vor ihr, doch sie hält ihn für den Gärtner. Erst als er sie angesprochen hat, weiß sie, wer er ist.
John Ruskin, wie so oft, hat Proust zu dieser Bibelstelle geführt, und Ruskins Geist schwebt über der ganzen Szene.
Rahel wird im Roman mehrfach ihren niederen Charakter unter Beweis stellen, doch sie wird vom Erzähler nicht verdammt. Sie ist ungezügelt in ihrer Liebe, aber verschwenderisch mit ihrer Zärtlichkeit. Sie ist grausam Konkurrentinnen gegenüber, weint aber vor Mitleid mit Dreyfus auf der Teufelsinsel.
Als Saint-Loup sie auf der Bühne sah, beim erstenmal nur in einer kleinen Nebenrolle, offenbarte sich ihm »eine ganze Wunderwelt (...) – die, in der sie lebte, von der köstliche Strahlungen ausgingen, in die er aber niemals eindringen zu können meinte«. »Die goldenen Pforten der Traumwelt« hatten sich hinter Rahel geschlossen, und dort lebte sie weiter in Saint-Loups Herz,

auch wenn sie die Bühne verlassen hatte. Proust ist in seinem Roman, und besonders in den Passagen, wo er die Natur mitspielen läßt, ständig unterwegs zu Augenblicken der Verwandlung, in denen sich eine höhere Wirklichkeit offenbart. Nicht Rahel ist der Gegenstand von Saint-Loups Liebe – ebensowenig wie Albertine für den Erzähler –, sondern die Möglichkeiten zu Träumen, die die Liebe zu ihr erweckt. Die geheimnisvollen Fremden, die in die Gärten eingedrungen sind, sind Erscheinungen aus einer unsterblichen Welt der Schönheit.

Maria Magdalena zweifelte zunächst, und auch Saint-Loup zögert. Als die drei Freunde, Rahel, Saint-Loup und der Erzähler, auf dem Weg zum Zug nach Paris sind, stoßen sie auf ein paar Kolleginnen Rahels aus dem Bordell. Diese, die die Situation nicht gleich begriffen haben, begrüßen sie vertraulich.

Einen Augenblick erscheint in Saint-Loups Bewußtsein eine andere Rahel. Sie wird zweigeteilt, in die himmlische Gestalt auf der Bühne der Liebe und ein Straßenmädchen, und ihn lockt diese zweite Rahel, die er für einen Bruchteil von dem kaufen könnte, was er jetzt für sie ausgibt. Der Erzähler schildert mit einzigartiger Einfühlung, die eigene Erfahrungen voraussetzt, Saint-Loups Verwirrung, als er zwischen Rahels zwei Erscheinungsformen schwankt. Doch er widersteht der Verlockung, die von der Hure ausgeht. Der wunderbare Traum seiner Liebe siegt, und er beschließt, seiner Geliebten ein Brillantschmuckstück zu schenken, Wert fünfzigtausend. Denn für ihn bleibt sie eine Offenbarung desselben himmlischen Lichtes, das der blühende Birnbaum schenkt.

Die Erhebung

Tante Léonie hatte ein Service mit Bildern aus *Tausendundeiner Nacht*, um das oft ihre Phantasie kreiste. Ihr junger Verwandter, der Erzähler, steht nicht hinter ihr zurück. Die vielen wundersamen Erhebungen im Roman – es sind mindestens hundert – lenken den Gedanken auf die orientalischen Märchen. Aladin wird vom Geist der Lampe in einer Sekunde von der Gasse in den Palast des Kalifen befördert. Der Erzähler in *Auf der Suche nach der verlorenen Zeit* nimmt den Wettbewerb mit ihm auf.

Das kann so zugehen. Eines Abends fährt der Erzähler, niedergeschlagen nach einer Liebesenttäuschung, im Wagen zusammen mit seinem Freund Marquis Robert von Saint-Loup – diesmal ganz in seiner Rolle als Edelmann – zu einem schicken Pariser Restaurant, um zu Abend zu essen. Er muß allein hineingehen, während Saint-Loup mit dem Kutscher abrechnet. Er bleibt in der Drehtür hängen und wird von höhnischen Lachsalven empfangen. Als er in dem Raum, wo sich die Aristokratie zu versammeln pflegt, Platz nehmen will, wird er vom Oberkellner brüsk zurückgewiesen. In dem reservierten Raum sitzen Adelige mit hohen Titeln, schön, hochmütig, frech zu Juden.

Jetzt tritt Saint-Loup ein. Der Wirt macht Kratzfüße. Die Kellner stürzen in versammelter Mannschaft herbei. Die aristokratischen Freunde winken. Saint-Loup entdeckt die weniger begünstigte Plazierung des Erzählers, beschimpft den Kneipier, entscheidet, daß sein Freund dort sitzen bleiben soll, und verschiebt damit den Schwerpunkt des Lokals, gibt die Anweisung, eine Tür geschlossen zu halten, damit der Freund keinen Zug bekommt, und weist den Prinzen von Foix, den vornehmsten der Adligen, ab, der sich in der Hoffnung nähert, bei Saint-Loup und dem Erzähler am Tisch sitzen zu dürfen.

Als Saint-Loup glaubt, dem kränklichen und sensiblen Erzähler sei kalt geworden, borgt er sich den weiten, eleganten Vikunjamantel des Prinzen, und da er den Tisch des Erzählers nicht erreichen kann, ohne daß dieser aufstehen müßte, klettert er auf die rote Samtbank, die sich an den Wänden entlangzieht, überspringt geschickt die elektrischen Leitungen, die zwischen den Tischen verlaufen, und legt den Mantel »als leichten warmen Umhang um meine Schultern«. Eine symbolische Adelung.

Saint-Loup tritt eher wie eine fürsorgliche Geliebte auf als wie ein Freund. Die Hauptsache aber ist die Rehabilitierung des Erzählers, und die genießt er. Es ist beinahe peinlich, hier Zeuge zu sein.

Das Kind im Leser freut sich, wenn der fürstliche Mantel den eben Verachteten krönt. So sehen – oder sahen – unsere Tagträume ja aus. Der ganze Roman ist aus dieser Richtung gesehen, ist die Erzählung darüber, wie der Held in den Götterkreis um die Familie der Guermantes aufgenommen wird. Ein weibliches Familienmitglied will – das ist der endgültige Triumph – ihn heiraten.

Marcel Proust verschaffte sich Zutritt in diese geschlossene Welt durch den Witz seiner Zunge und sein gefallsüchtiges, geschmeidiges Wesen, ebenso wie Swann, der als Salonlöwe ein schmeichelhaftes Porträt des Autors ist. Dieser Eigenschaften wird der Erzähler beraubt, weswegen sich sein sozialer Aufstieg besonders märchenhaft ausnimmt. Er sagt nie ein witziges Wort. Notabene als Hauptperson in dem Roman, den er selber schreibt.

Entscheidend an der Szene im Restaurant, als der Erzähler mit dem fürstlichen Mantel gekrönt wird, ist nicht *sein* Sieg, sondern der *des Künstlers*. Das Zentrale ist das wunderbare Schauspiel, Saint-Loups Zirkusnummer beim Balancieren auf den Samtbänken, beobachtet von den Kellnern, die bewegungslos mit ihren Schüsseln dastehen, das strahlende Licht im Lokal, während draußen dichter Nebel herrscht. Wir werden Zeugen einer Metamorphose. Die Triebkraft mag der Traum sein, zu siegen und in einen vornehmen Kreis aufgenommen zu werden. Doch die seltsame Verwandlung bleibt bestehen.

Die Gesellschaftsreportage

Auf der Suche nach der verlorenen Zeit hat eine Wurzel in der Gesellschaftsreportage, und das verleiht dem Roman einen mondänen Unterton. Proust schrieb in seiner Jugend eine Reihe von Schilderungen berühmter Pariser Salons für die konservative Zeitung *Le Figaro*, deren

Chefredakteur zu seinen Freunden gehörte und dem er die erste Abteilung seines Romans widmete.
Teile dieser einschmeichelnden, mit verhüllten Bosheiten gespickten Artikel wandern geradewegs in den Roman. In Hjalmar Söderbergs Romanen kommt Oscar II. anspaziert. Auf die gleiche Weise taucht seine voluminöse Königin Sophia, »die schwedische Königin«, auf dem Weg zum winterlichen Nizza-Aufenthalt wieder und wieder in Prousts Roman auf. Proust mischt die erdichteten Personen, Swann, Baron von Charlus, Odette, mit Prinzessinnen, Marquisen, Künstlern, Politikern, Zeitungsleuten, die einst in Körpern aus Fleisch und Blut gesteckt haben und zu deren Grabstätten man wallfahren kann. Doch der Unterschied zwischen ihnen, die einst existierten, und denen, die nur in der Phantasie des Dichters gelebt haben, ist für den Leser gleichgültig. Wenn Baron von Charlus der Marquise von Surgis zu Jacquets Porträt von ihr Komplimente macht, dann sind die Marquise und der Baron erdichtete Personen und Jacquet ein seinerzeit berühmter Gesellschaftsmaler. Im Roman aber sind sie gleichgestellt und leben nur von der Gnade des Dichters.
Die hohen Titel und das exklusive Milieu reizten vom ersten Augenblick an Neugier und Sensationslust. Wenn bestimmte Personen darin sich mit Sicherheit identifizieren ließen, warum war das dann nicht mit allen möglich? Vorbilder und pikante Anekdoten werden hervorgekramt, die sich im Bewußtsein vieler Leser in den Roman hineinzuschieben und ihn zu entstellen begannen. Heute ist Prousts »Welt« eine blühende Klatschin-

dustrie, in der Tausende von literarischen Privatdetektiven ihr Auskommen finden und wo sogar hochverdiente Proust-Forscher gedankenlose Beiträge leisten. Es gibt etliche Proust-Biographien, die vom Erzähler des Romans stammende Informationen auf Proust überführen. Bei einem solchen Biographen – ich schäme mich, seinen Namen zu nennen – wird erklärt, um nur ein Beispiel herauszugreifen, die Zungenspitze, die Albertine abends dem liebesdürstenden Erzähler in den Mund steckt, gehöre Prousts Bedienstetem/Sekretär Alfred Agostinelli. Ein schamloses Vorgehen, das das dichterische Werk verdeckt.

Doch zum Teil hat sich Proust das selber zuzuschreiben. Er benutzte seine Salonreportagen als Waffe im Kampf um einen Platz in der feinen Welt. Die gleiche Politik praktiziert er im Roman. Eine wohlwollend gesonnene Herzogin aus Prousts Bekanntenkreis, die ein Kochbuch veröffentlicht hatte, erscheint im Roman namentlich und mit Spargelrezept.

Leute, die ihn gelobt haben, werden zur Belohnung im Roman verewigt. Der berühmte Lyriker Francis Jammes schrieb, nachdem er den ersten Teil des Romans gelesen hatte, einen schmeichelnden Brief an Proust und verglich ihn mit Shakespeare. So etwas vergißt kein Debütant. Als werde man auf dem Olymp von jemandem willkommen geheißen, der dort schon lange wohnt. Zum Dank läßt Proust in der vierten Abteilung des Romans plötzlich und unmotiviert den Namen Francis Jammes im Bewußtsein des Erzählers auftauchen. Jammes' Name steht im Text als eine undeutbare, spöttelnde Hieroglyphe.

In Prousts Roman nach Vorbildern zu suchen ist ein sinnloses Unterfangen. Natürlich hat Proust wie alle Schriftsteller die Wirklichkeit als Vorratskammer. Die eine Person hat »ihm für einen bestimmten Gesichtsausdruck, die andere für das Monokel, eine dritte für den Zornausbruch und wieder eine andere für die gefällige Armbewegung Modell gestanden«, schreibt der Erzähler einmal. Jede Person im Roman ist aus Beobachtungen vieler zusammengesetzt, und das lebenspendende Blut, das sie zum Leben bringt, kommt aus der Blutgrube zu Füßen des Dichters.

Die Herzogin

Der Erzähler und Held des Romans bietet seine ganze Kraft auf, um in die blaublütigen Salons aufgenommen zu werden. Seine Familie bezieht eine Wohnung, die dem Herzogspaar von Guermantes gehört. Sie werden Nachbarn, und der Erzähler kann vom Fenster aus die Herzogin beobachten, wenn sie vor ihrem Spiegel Kleider anprobiert, und den Herzog, wenn er auf dem Hof ein neuerworbenes Vollblut besichtigt.
Der Erzähler, noch ein Jüngling, verliebt sich in die Herzogin, eine noch unsinnigere Liebe als die Swanns zu Odette. Oriane de Guermantes ist eine kühle und sterile Dame der besseren Gesellschaft, die die Sinnlichkeit fürchtet und ein sadistisches Vergnügen dabei findet, einen verliebten Bediensteten zu quälen und ihn daran zu hindern, seine Geliebte zu treffen. Ihre Kleider sind

mit der gleichen Sorgfalt ausgewählt wie die Odettes, sie aber benutzt sie nicht im Geschlechterkampf, sondern nur, um zu blenden und zu triumphieren. Sie ist eine Orchidee, die niemals befruchtet wird. Bei ihr zu Hause gibt es eine solche Blume, die in einem obszönen Zusammenhang eine wichtige Rolle spielt. Die Herzogin hat den Mund voller Bosheiten, die eine sich einschmeichelnde Umgebung zu Pointen erhebt. Es kommt manchmal vor, daß man unter den Schmeichlern Proust zu sehen meint, denn der Erzähler gibt, so scheint es, oft ohne Ironie, Äußerungen von ihr wieder, die nur er allein als geistreich auffaßt. Dies sind Reste der Gesellschaftsreportagen. Doch wer in vornehmen Kreisen verkehrt hat, wird überall auf der Welt und in jedem Zeitalter viele Entsprechungen der Herzogin finden und rundherum einen bewundernden Hofstaat.

Das junge Ich des Erzählers aber sieht sie nicht, wie sie ist. Sie ist in ihrem Namen verborgen wie in einem goldenen Kokon. So wie Swann Odette als eine aus Botticellis Gemälde herabgestiegene und lebendig gewordene Sephora sah, sieht der Erzähler die Herzogin als ein Wesen aus dem historischen Mythos.

Proust hatte daran gedacht, seinen Roman *Die Namen* zu nennen. Das Wort findet sich jetzt nur noch als Untertitel im Swann-Teil. Es kommt vor, sagt der Erzähler zu Beginn der Romanabteilung, die den Titel *Die Welt der Guermantes* trägt, daß wir uns an einen Ort begeben, um die Seele zu suchen, die wir mit dem Namen verbinden. Geschöpfe des Menschen und der Natur sind hier gleich. Jedes Schloß, jedes berühmte Privatpalais hat seine Dame oder Fee auf die gleiche Weise, wie die Wälder ihre Geister und die Gewässer ihre Gottheiten haben.

Der Namenszauber ist ein im Roman ständig gegenwärtiges Leitmotiv. Die Kraft und die Erinnerungen in einem Namen fließen auf den über, der ihn trägt. Jede Eva trägt das Paradies und die Schlange mit sich. Jede Maria bewahrt die Erinnerung an den Erzengel der Verkündigung. Der Name kommt in unserer Einbildung zuerst und verbirgt, was er bezeichnet.

Bei Proust wird der Erzähler in erster Linie von der herzöglichen Familie der Guermantes verzaubert. Der Name Guermantes – er ist erfunden – leuchtet in der französischen Geschichte seit dem frühen Mittelalter, und Mitglieder des Geschlechts hatten in der Gesellschaft glänzende Positionen. Guermantes hat für den Erzähler den gleichen magischen Klang wie die Namen Vasa, Sture und Brahe für einen romantischen Jüngling in Schweden, erzogen in der Tradition der Jahrhundertwende, oder die Namen Vanderbilt, Rockefeller, Kennedy für einen Amerikaner heute.

Proust sorgt dafür, daß alle führenden Gestalten des Buches auf irgendeine Weise zum Geschlecht der Guermantes gehören. Das Guermantessche Blut ist ein Myzelium, das überall im Text Sprossen treibt. Odettes erster Liebhaber ist ein Guermantes, Baron von Charlus, und sie beschließt ihr Leben als Geliebte des Herzogs. Und Baron von Charlus hat die Mode mit dem Vikunjamantel eingeführt, den Saint-Loup dem Erzähler umlegt, der dadurch symbolisch in die Familie aufgenommen wird.

Der Erzähler kann kaum einen Schritt tun, ohne einem Mitglied der Familie zu begegnen. Als die Großmutter und der Erzähler im Hotel in Balbec vom Hoteldirektor unhöflich empfangen werden, tritt sofort die legendenumwobene Marquise von Villeparisis auf – auch sie eine Guermantes – und erkennt in der Großmutter eine Schulkameradin wieder. Eine weitere große Genugtuungsszene.

Der Erzähler ist seit seiner frühen Kindheit mit Ehrfurcht vor dieser Familie indoktriniert worden. Ein alter Marschall von Guermantes hat seine Kinderfrau mit Stolz erfüllt, weil er auf den Champs-Élysées stehenblieb und sagte: »Was für ein reizendes Kind«, und ein Schokoladenplätzchen anbot – eine Parallelszene zu Strindbergs Erzählung in *Der Sohn der Magd* über den Kronprinzen, später Karl XV., der im Park von Drottningholm Johans hübsche Cousine grüßt und fragt, wie der Junge heißt.

Der Erzähler denkt sich eine komplizierte Strategie aus, um die Aufmerksamkeit der Herzogin auf sich zu ziehen. Er trotzt den mißbilligenden Blicken seiner Mutter und Françoises und wacht auf der Straße, um Gelegenheit zu haben, sie zu grüßen. Daraus wird ein höfisches, komisches, aber auch pathetisches Aufwartungsepos, in dem der Erzähler einen beinahe religiösen Eifer zeigt, zu vergöttern und anzubeten. »Denn nie noch war«, schreibt er, »ein fanatischer Anbeter einer großen Schauspielerin, die er nicht kennt und um derentwillen er frierend vor dem Künstlerausgang steht, niemals eine zum Äußersten getriebene oder verzückte Menge, die

sich zusammenschart, um mit Schmähungen oder Jubelgeschrei den Verurteilten oder den großen Mann zu begrüßen, auf dessen Nahen sie jedesmal zählt, wenn ein Geräusch aus dem Innern des Gefängnisses oder Palastes dringt, so bewegt, wie ich es war, wenn ich auf das Erscheinen jener großen Dame wartete.«
Er gibt sich bittersüßen Phantasien hin. Jeder junge Mensch in Liebesnot erkennt sich in ihnen wieder. Er tagträumt, die Herzogin sei in Armut und Elend geraten und er selbst, reich und mächtig geworden, stehe ihr bei.

Die Sitten

Die Cour des Erzählers führt schließlich zu Resultaten. Zwar öffnet sich nicht das Herz der Herzogin, wohl aber ihr Salon. Es hat fast den Anschein, als ziehe der Erzähler diesen vor.
Proust selber war einmal angezogen und angesteckt von dieser vornehmen Gesellschaft. Der Mensch läßt sich leicht von einem Milieu fesseln, in dem er selber Erfolg hat, schrieb einmal Knut Jaensson im Zusammenhang mit Proust – und Proust hatte Erfolg in dieser Gesellschaft. Ihre zeremoniellen Umgangsregeln boten ihm Schutz. Ihre zu nichts verpflichtenden Komplimente lagen ihm, und er war, wie man in seinen Briefen sehen kann, ein Meister der Komplimente, der vor wilden Übertreibungen nicht zurückschreckte. Sein Roman ist ein Befreiungsakt mit fragmentarischen Überresten der sich einschmeichelnden Gesellschaftsreportagen.

Proust weiß einer drohenden Stickigkeit entgegenzuwirken, indem er mit historischen Perspektiven arbeitet. Schon bei dem ersten großen Essen beim Herzogspaar nimmt er einen Duft vom Hofe Ludwigs XIV. wahr. Die streng reglementierten Höflichkeiten haben wie im Versailles des 18. Jahrhunderts nichts von Natur und Herzensgüte. Die vornehme Gesellschaft bewahrt alte Sitten und Bräuche. So wie die Wissenschaft im menschlichen Körper Spuren von Organen sieht, die zu einer früheren Entwicklungsstufe gehören, registriert Proust bei seinen Figuren historische Reste und Echos. Er verlängert so ihr Leben und befreit sie vom Druck der Zeit. Dies erreicht er unter anderem, indem er Gedankenraketen zwischen Madame de Sévignés Briefen, Saint-Simons Memoiren, der klassischen Dichtung und seinen eigenen Pariser Salons hin und her fliegen läßt.

Als der Prinz von Sagan die Herzogin begrüßt, schreibt der Erzähler, macht er mit dem Zylinderhut in seiner weißbehandschuhten Hand, die zur Gardenie im Knopfloch paßte, eine so weitläufige Bewegung, daß man sich darüber wundert, daß er nicht einen Federhut aus der guten alten Zeit schwenkte.

Die Homosexualität, die überall im Roman gegenwärtig ist, schafft ein verbindendes Band zwischen verschiedenen Gesellschaftsschichten und trägt so ebenfalls dazu bei, den Rahmen der Darstellung zu erweitern. Dienstboten, Kellner und Ladengehilfen kommen in intime Verbindung mit Herzogen und Prinzen und tauschen Frechheiten, Flüche und Blasphemien aus.

Der junge Herzog von Châtellerault erschrickt fast zu

Tode, als er im Haushofmeister des Prinzenpaars von Guermantes eine amouröse Straßenbekanntschaft wiedererkennt, dem gegenüber er seinen Namen für sich behalten und vorgegeben hat, Engländer zu sein, doch der Haushofmeister nutzt seinen Vorteil nicht aus, sondern freut sich über die heimliche Verbindung mit einem Hochgestellten.

Die Menschen der vornehmen Gesellschaft, so wie Proust sie schildert, sind oft lächerlich, erschreckend oberflächlich, grausam und gedankenlos. Doch sie sind pathetische Gefangene der Etikette und wecken in dieser Eigenschaft Mitgefühl. Als die Großmutter im Sterben liegt, hat der Herzog von Guermantes, der ja nebenan wohnt, den Einfall, der Familie einen Kondolenzbesuch abzustatten. Er ist geübt in einem kunstvollen Trauerritual, das wirkliches Mitgefühl ersetzt und ausschließt. Er ist überzeugt, daß sein Besuch der Familie schmeicheln wird. Als ihn die Mutter in ihrem tiefen Schmerz kaum zu begrüßen vermag, gerät er in Verwirrung, und seine Zeremonien verlieren jeden Sinn. »Aber alle nicht ausgeführten Begrüßungszeremonien«, schreibt der Erzähler, »und Verbeugungen im Rückwärtsgehen, an deren Exekution man ihn gehindert hatte, waren ihm gleichsam in den Beinen steckengeblieben.«

Die Großmutter des Erzählers äußert kurz vor ihrem Tod eine vernichtende Replik. Es ist, als wolle der Erzähler eine kostbare Perle mit ihr ins Grab schicken, wohl wissend natürlich, daß die Perle trotz dieser Aufopferung sein Eigentum bleibt.

Die Großmutter, die einzige Person im Roman, die frei

von Snobismus ist, erleidet während eines Spaziergangs mit dem Erzähler auf den Champs-Élysées einen Schlaganfall – ihren Tod will ich im nächsten Kapitel zu schildern versuchen –, und ihr Enkelsohn führt sie, da er zunächst nicht begreift, was passiert ist, zu einer öffentlichen Toilette, gewartet von einer Frau, die ihrer »unterirdischen« Arbeit vollauf würdig ist.
Sie legt in ihrem Etablissement eine soziale Wertskala an, die ebenso streng ist wie die im Faubourg de Saint-Germain. Sie weist »bedürftige« Besucher ab, die ihren snobistischen sozialen Ansprüchen nicht genügen. Sie ist eine grausame Abführungskönigin in der Welt der niederen Bedürfnisse. Die Großmutter hört durch eine Wand die Konversation dieser Herrscherin, und als sie an der Seite des Erzählers mit abgewandtem Gesicht, um ihr vom Schlaganfall entstelltes Gesicht zu verbergen, den Pavillon verläßt, sagt sie:
– Das war doch im höchsten Grade »Guermantes«!
Die Replik verbindet die höchstgestellte Sphäre mit der Unterschicht der Gesellschaft und zeigt, daß in beiden die gleichen Gesetze gelten. Die Spitze des Satzes ist gegen den Jungen an ihrer Seite, den Erzähler also, gerichtet, dessen Hang zur vornehmen Gesellschaft sie mißbilligt. Als der Roman zu Ende ist, steht er ganz auf ihrer Seite.

Der Aufwärtsbewegung – den Triumphen des Erzählers – entspricht im Roman eine Abwärtsbewegung. Der Erzähler steigt auf, die Herzoginnen und Gräfinnen aber sinken und verlieren den Glanz, den die Namen ihnen verliehen haben.

Das bedeutet nicht, daß sich der Erzähler auf seiner Wanderung durch das Leben von seinem Snobismus und seinen Vorurteilen befreit. Proust schreibt keinen Bildungsroman, in dem der Held nach vielen Prüfungen zu Klarheit und Weisheit kommt.

Der Erzähler hat die Herzogin zum erstenmal als kleiner Junge gesehen, als sie Gast bei einer Hochzeit in der Kirche Saint-Hilaire ist. Er registriert ihre durchdringenden blauen Augen, daß sie eine wallende, malvenfarbene Krawatte trägt und daß sie an einem Nasenflügel einen kleinen Pickel hat.

Seine Enttäuschung ist groß. Wie kann ein Wesen aus dem Mythos ein rotes Gesicht haben und mit einer malvenfarbenen Krawatte erscheinen wie eine Bürgersfrau? Von dem Pickel gar nicht zu reden. Und wo ist der Amarant, den der Name enthält?

Als die Herzogin auf seiner Liebesbühne den Platz der Königin eingenommen hat, fällt es ihm noch schwerer, das Bild in seiner Phantasie von ihr mit dem der Wirklichkeit zu vereinen. Sie wird für den schwärmerischen Liebhaber zum Symbol Frankreichs, und die Liebe zu ihr ist ein Versuch der Vereinigung mit dem zutiefst Nationalen. Als er sie auf der Matinée der Marquise von

Villeparisis sieht, schreibt er: »Ihr Name mit dem dazugehörigen Titel setzte ihrer Person jenen herzoglichen Charakter hinzu, der sie inmitten des Salons und auf ihrem Seidenpuff gloriolenreich mit der grüngoldenen Kühle der Guermantesschen Wälder umwob.« Doch das magische Licht über ihrer Gestalt erlischt, als er ihr nahe kommt.

Die Antike verwandelte Daphne in einen Lorbeerbaum und Philomela in eine Nachtigall, um sie dann gefangen zurückzulassen. Prousts Phantasie ist eng verwandt mit der der antiken Griechen – manchmal habe ich gedacht, er wurde dreitausend Jahre zu spät geboren –, doch im Gegensatz zu den antiken Dichtern läßt er seine Gestalten den Sprung über die Verwandlungsgrenze und wieder zurück machen, und diese Sprünge sind sein Thema. Mit der Herzogin von Guermantes vollführt er die kühnsten Übungen.

Die Geschichte der Herzogin wird zum Striptease. Doch kaum ist sie entblößt, wird sie schon wieder angezogen und steht ebenso strahlend da wie zuvor.

Die Herzogin hatte schon damals in der Kirche eine blitzschnelle Metamorphose durchlaufen. Der Pickel und die Krawatte ließen sich mit dem Namen Guermantes nicht vereinbaren. Er starrt versteinert dieses Wesen an, das ihm Mensch und Mythos zugleich zu sein scheint. Sie war ihm »wie ein Schwan oder ein Weidenbaum erschienen, deren Gestalt ein Gott oder eine Nymphe angenommen hat und die nun, den Gesetzen ihrer neuen Natur gehorchend, ins Wasser gleiten oder vom Winde durchgeschüttelt werden«. Doch als er sie verläßt, nimmt sie wieder ihre göttliche Gestalt an, die eine Schöpfung seiner Liebe ist. Wie die rosa und grünen Wasserreflexe des Sonnenuntergangs, schreibt er, von einem Ruder gebrochen werden, sich aber gleich wieder zusammenfügen, kehrt die Erinnerung an den Namen zurück und gebietet wieder über sein Bild der Geliebten.

Und er stellt sich vor, sie zweifle selber daran, wer sie sei. Er sieht sie mit schlechtgelauntem und selbstverliebtem Blick vor dem Spiegel Kleider anprobieren, denkt sich aber, sie sei eine Königin, die sich herbeiläßt, in einer Komödie bei Hofe als Soubrette aufzutreten. Sie ist ein göttlicher Schwan, der, »mit seinen wie aufgemalt wirkenden, blicklosen Augen zu beiden Seiten des Schnabels, alle Bewegungen seiner Tiergattung macht und sich auf einen Knopf oder Regenschirm stürzt, ganz Schwan und ohne seiner Gottheit noch eingedenk zu sein«.

Diese Verwandlungen der Geliebten gehören zum tiefsten Inneren Marcel Prousts. Der Roman ist voll von Metamorphosen, von Szenen, über denen das Licht der Phantasie erlischt, um wieder entzündet zu werden. Die Verliebtheit des Erzählers ist, um seine eigenen Worte in einem anderen Zusammenhang zu benutzen, die Projektion eines Seelenzustandes bei ihm selbst. Er erschafft die Herzogin aus seiner innersten Sehnsucht und verfolgt dann fasziniert den Kampf zwischen dem Bild, das er selbst aufgebaut hat, und dem der Wirklichkeit.

Als der Erzähler erst einmal über die Schwelle der Herzogin getreten und zum vertraulichen Freund geworden ist, schützt ihr Name sie nicht mehr, und seine Liebe stirbt. In einer letzten Entkleidungsszene, aus der es kein Zurück gibt, erscheint sie mit der »Energie und dem Reiz eines grausamen kleinen Aristokratenmädchens aus der Umgebung von Combray, das von Kindheit an zu Pferde gesessen, Katzen das Rückgrat gebrochen, Kaninchen die Augen ausgestochen hat«.

Gunnar Ekelöf entkleidet seine wundertätige Ikone Schicht um Schicht, die goldene Bemalung, »den braunen Arm mit seiner Rose«, alles, bis nur noch ein Stück Olivenholz übrig ist und im Holz, beinahe zugewachsen, ein Astloch. Doch selbst ganz entkleidet hat die Ikone etwas von ihrer Seele bewahrt und ist umgeben von der Zärtlichkeit ihres Schöpfers. Von der Herzogin bleibt am Ende nur Leere.

Die roten Schuhe

Die Herzogin Oriane de Guermantes hat im Roman eine andere Rolle zu spielen als die, Königin der vornehmen Gesellschaft und der Verwandlungsträume des Erzählers zu sein. Über ihr liegt der Schatten einer Leidenschaft. Proust zeigt, wie dieses Gefühl stirbt. Er tut es mit halb abgewandtem Gesicht, wie oft angesichts von Liebe.

Mit ihr als Medium schlägt Proust eines der zentralen Themen des Romans an, diesmal so leise, daß man ihn kaum hört.

Es heißt von den Guermantes, sie schätzten Intelligenz höher als die Geburt, im Gegensatz zur ebenso vornehmen Familie Courvoisier. Die Guermantes empfangen in ihren Salons Genies und geistreiche Köpfe und führen ungeniert Leute aus unterschiedlichen Schichten zusammen. Nur Begabung zählt als Eintrittskarte.

Doch geheimen Gesetzen zufolge gelten hochgestellte Personen und besonders königliche Hoheiten im Heim des Herzogspaars als begabt, während diese Verwandlung bei Leuten aus einfacheren Verhältnissen selten vorkommt.

Warum sind Geburt und Reichtum letzten Endes immer ausschlaggebend in dieser Gesellschaft, die Tugend und Begabung huldigt? Warum hat die Herzogin, die in Freisinn und Liebe zur Kunst erzogen ist, kein Genie geheiratet, sondern den Mann im Umgangskreis, der die meisten Ahnen und das größte Vermögen hatte, jedoch den erklärten Idealen der jungen Dame in keiner Hinsicht entsprach? Die Antwort auf die Frage ist – Proust veranschaulicht die These wieder und wieder –, daß Klassengefühl und gesellschaftlicher Snobismus siegen, daß die Menschen wie Fliegen gefangen sind im Spinnennetz ihrer Konventionen und dort sterben, ausgesaugt von ihrem eigenen Hochmut.

Proust hat Hinweise darauf eingeflochten, daß die Herzogin Charles Swann liebt. Swann ist eine Verlockung, durch seine Begabung, seine geistreiche Konversation, seinen Kunstverstand und sein Feingefühl.

Die beiden kennen einander intim seit vielen Jahren, doch als Swann heiratet, weigert sich die Herzogin, Odette zu empfangen. Brutal und eiskalt lehnt sie dies ab, und man wundert sich darüber, daß Swann weiter

den Kontakt mit ihr pflegt. Erst als Swann tot ist, öffnet sie Odette ihren Salon und bringt ihr und Swanns Tochter Gilberte Interesse und Fürsorge entgegen.
In einer Reihe von Szenen verrät die Herzogin ihre Liebe. Die am meisten ausgearbeitete schildert einen spannungserfüllten Besuch. Das Herzogspaar soll zum Essen zu Madame de Saint-Euverte, und der Erzähler, der glücklicherweise gerade anwesend ist, als sie aufbrechen wollen, wird Zeuge einer Szene, die zu den eigentümlichsten des Romans gehört.
Der Herzog empfängt ihn, und kurz darauf tritt Swann ein, im enganliegenden perlgrauen Überrock, dazu weißen Handschuhen mit schwarzen Raupen und einem Zylinder in einer geschweiften Form, die, sagt der Erzähler, »Délion nur für ihn, den Prinzen von Sagan, Monsieur de Charlus, den Marquis von Modena, Monsieur Charles Haas und den Grafen Louis de Turenne herstellte«.
Der Anlaß für Swanns Besuch ist ein Geschenk an das Herzogspaar – die riesige Photographie eines Gemäldes, das einen der Vorfahren des Herzogs darstellt. Die genealogische Leidenschaft des Herzogs wird geweckt, diesmal aber bringt er es nur zu ein paar heraldischen Übungen und wirkt gleichgültig gegenüber dem Geschenk. Vielleicht ahnt er dessen symbolische Bedeutung. Nicht zum erstenmal im Roman übernimmt die Photographie eine erotische Rolle.
Die Photographie ist so groß, daß der Diener der Meinung gewesen ist, sie besser nicht hinaufzubringen, weswegen sie im Vestibül steht und wartet. Der Herzog

fragt statt dessen Swann nach der Echtheit eines Bildes, das er gekauft hat und das er für einen Velázquez hält. Swann, der Experte, muß ihn enttäuschen. Es ist ein Machtkampf.

Als die Herzogin eintritt, äußert sie ihr leidenschaftliches Interesse an der Photographie, obwohl Genealogie sie sonst wenig reizt. Sie steht vor Swann, und sie tauschen Komplimente aus – sie über das grüne Futter in seinem Zylinder, er über ihre Brillanten. Sie ist glücklich über seine Worte.

Sie gehen zusammen hinunter, um die Photographie zu betrachten, und als der Herzog, spöttisch und unzufrieden über die Antwort hinsichtlich Velázquez, fragt, wo die Herzogin »ein Spielzeug von diesen Ausmaßen« aufbewahren werde, antwortet sie:

»In meinem Schlafzimmer natürlich, damit ich es jederzeit vor Augen haben kann.«

»Na schön! Mach, was du willst«, erwidert der Herzog. »Wenn es in deinem Schlafzimmer hängt, besteht noch die größte Aussicht, daß ich es niemals sehe.«

Der unausgesprochene Sinn dieses Replikenwechsels wird verdeutlicht durch die Aufforderung der Herzogin an den Diener, die Photographie vorsichtig auszupacken, und von der höhnischen Bemerkung des Herzogs im Flüsterton zum Erzähler: »Sogar die Hülle muß noch respektiert werden.«

Zu Swann gewandt, fährt der Herzog fort: »Wissen Sie, Swann, (...) ich (...) bewundere vor allem, wie Sie eine Hülle dafür von diesem Umfang haben auftreiben können.«

Jetzt kommt der Augenblick, in dem die Herzogin definitiv versagt. Der Erzähler hat notiert, daß Swann nicht wohl aussieht. Als die Herzogin vorschlägt, er solle in einigen Monaten mit nach Italien reisen, entgegnet Swann, das sei unmöglich, und als sie fragt, warum, verstößt er gegen eine heilige Sittenregel der Gesellschaft, die besagt, daß der Tod nicht existiere.

Ich kann nicht, antwortet er, denn wenn Sie reisen, bin ich schon lange tot. Die Herzogin ist auf dem Weg zum Wagen, der sie zu dem bevorstehenden Abendessen bringen soll. Ein zweifelnder Blick erscheint in ihren Augen. »Zum ersten Mal in ihrem Leben zwischen zwei so ganz verschiedenen Pflichten stehend wie der, in ihren Wagen zu steigen, um sich zu einer Dinereinladung zu begeben, und der, einem Sterbenden Mitleid zu bezeigen«, entscheidet sie sich dafür, den Konflikt zu negieren. »Sie wollen wohl scherzen?« sagt sie zu Swann.

»Das wäre allerdings ein ganz reizender Scherz«, erwidert er ironisch. Er fügt hinzu, die Wahrheit sei, daß er jeden Tag sterben könne, vor allem aber nicht wolle, daß sie zu spät zum Diner komme.

Ist es angemessen, den Tod eines Freundes gegen ein Essen in der vornehmen Gesellschaft abzuwägen? Ist dieser Replikenwechsel nicht unrealistisch? Gewiß nicht. Proust zeigt, wie gesellschaftliche Verpflichtungen, die uns, wenn wir gegen sie verstoßen, persönliche Unannehmlichkeiten bereiten können, uns wichtiger erscheinen als höhere moralische Forderungen, und daß es ein unverzeihlicheres Verbrechen ist, zu spät zu einem Essen zu kommen oder im letzten Augenblick abzusagen, als einen Freund auf dem Totenbett im Stich zu lassen, denn als Toter kann er uns nicht schaden. Unser Leben ist von unbarmherzigen und absurden Sittengesetzen geregelt.

Die Herzogin spürte, schreibt der Erzähler, daß das Essen, auf das sie gehen wollte, für Swann weniger Bedeutung hatte als sein eigener Tod, und während sie auf den Wagen zuging – der Herzog war ungeduldig und beschwerte sich, sie würden zu spät kommen –, sagte sie: »Sorgen Sie sich nicht um das Diner, es hat gar keine Bedeutung!« Jedoch ohne die Absicht, nicht daran teilzunehmen.

Die Herzogin geht jetzt entschlossen auf den Wagen zu, wobei sie Swann versichert, sie glaube nicht im Ernst an seine Krankheit. Sie hebt ihren roten Rock und setzt den Fuß auf das Trittbrett. Da entdeckt der Herzog, daß sie schwarze Schuhe zu ihrem roten Kleid trägt, und befiehlt ihr, schnell umzukehren, um rote anzuziehen. Jetzt eilt es nicht mehr, denn jetzt geht es um eine Etikettenfrage und nicht um einen sterbenden Freund.

Indem die Herzogin ihrem Mann gehorcht, zeigt sie, daß sie sich von dem gesellschaftlichen Leben, in dem sie Königin ist, hat versklaven lassen. Die Photographie, die sie in ihrem Schlafzimmer aufhängen wollte, ist ein letztes Aufflammen von Leben.

Viele Jahre später begegnet der Erzähler der Herzogin auf dem Empfang des Prinzenpaars von Guermantes, der den gewaltigen Roman abschließt. Sie sind beide alt geworden, und um sie bewegt sich die früher so jugendlich strahlende Gesellschaft wie eine Altenmaskerade.

Der Erzähler und die Herzogin sprechen von Swann, und der Erzähler erinnert sie daran, wie sie damals beim Diner bei Madame de Saint-Euverte gekleidet war. Die Herzogin fühlt sich geschmeichelt und beschreibt auf die Aufforderung des Erzählers hin ausführlich das ganz rote Kleid. Dann aber fügt sie mit einem müden Lächeln hinzu: »Sind Sie sicher, daß es rote Schuhe gewesen sind? Ich meine, es waren goldene.«
Der Erzähler versichert, er könne sich deutlich an sie erinnern, doch er erwähnt nicht die Episode, die der Grund dafür ist.
»Wie nett von Ihnen, daß Sie sich daran noch erinnern«, sagt die Herzogin. Proust sagt nicht, was sich bei dieser Antwort in ihrem Herzen bewegte.

GROSSMUTTERS TOD

Die Großmutter des Erzählers ist ein Sinnbild selbstverleugnender Aufopferung und Zärtlichkeit. Der Leser wäre erstickt an soviel Tugend, wäre sie nicht an einem Schlaganfall gestorben. Die einzige ausführliche Todesszene des Romans ist ihre.

Doch der Erzähler weiß, daß er sie mit den verwandelnden Augen der Liebe betrachtet. Einmal kommt er unerwartet nach Hause und sieht sie im Salon sitzen und lesen. »Wir sehen«, ist sein Kommentar, »geliebte Wesen stets nur im lebendigen Zusammenhang, in der ständigen Bewegung unserer immerwährenden Zärtlichkeit, die, bevor sie den rein bildhaften Eindruck der Züge zu uns gelangen läßt, sie in ihren Wirbel reißt, sie mit Macht nach einer Vorstellung reguliert, die wir schon immer von ihnen hatten.«

Stirn und Wangen seiner Großmutter, fährt er fort, bezeichneten für ihn das Zarteste und Beständigste ihres Wesens, plötzlich aber sieht er auf dem Sofa unter der Lampe ein anderes Bild: »rot, schwerfällig, vulgär, krank, vor sich hin dösend und mit etwas wirrem Blick über ein Buch hingleitend eine alte, von der Last der Jahre gebeugte Frau«. Das fremde Bild verschwindet rasch, und die verwandelnde Macht der Liebe nimmt sich der Großmutter wieder an.

Die Gefühle des Erzählers der Großmutter gegenüber sind zu gleichen Teilen von Liebe und Schuld geprägt. Sie hat ihn gepflegt, als er ein zarter, asthmakranker Junge war, und er hat den Verdacht, daß diese Mühen und Sorgen um seine Zukunft ihren Tod beschleunigt haben. Ihre Fürsorge und ihre Sorge haben dazu beigetragen, den Jungen im Kinderzimmer festzuhalten, und ihn übertrieben abhängig gemacht. Doch davon wird nichts gesagt.

Der Erzähler stattet die Großmutter von Anfang an mit einnehmendem seelischem Schmuck aus. Das Gegenbild auf dem Sofa scheint nur für eine Sekunde auf. Wenn die Gartenglocke in Combray ertönt, als Zeichen dafür, daß Swann eingetroffen ist, wurde stets die Großmutter ausgeschickt, um ihn zu empfangen, weil sie, heißt es, »über jeden Vorwand froh war, einen Gang durch den Garten zu machen, und die Gelegenheit nutzte, beim Vorbeigehen verstohlen ein paar Stützen von den Rosen wegzunehmen, um sie etwas natürlicher aussehen zu lassen, etwa wie eine Mutter, die, um sie zu lockern, ihrem Sohn mit der Hand durch die Haare fährt, wenn der Friseur sie allzu glatt gebürstet hat«.

Die Großmutter liebt Sturm und Gefahr ebenso wie Tove Janssons Vater und der Muminvater. Darin gleicht sie auch dem Erzähler selbst, der davon träumt, ein Unwetter an der Atlantikküste zu erleben. Die Großmutter ist dargestellt als der natürliche Mensch und allein durch ihre Existenz ein Protest gegen das Leben und die Wertmaßstäbe, die in der Gesellschaft gelten, zu der ihr Enkelsohn sich hingezogen fühlt. Ihre Replik nach dem Besuch der öffentlichen Toilette ist bezeichnend für sie.

Zu Großmutters Tod kommt es etwa in der Mitte des Romans, ungefähr in der Mitte der dritten Abteilung. Er nimmt das Zentrum ein, ebenso wie Jesus am Kreuz auf einem Altarbild. Daß der Autor an einen solchen Vergleich gedacht hat, beweisen die schwarzen Blutegel an ihrer Stirn.

Doktor Cottard empfiehlt diese jetzt ausgestorbene Kur, um den Blutdruck zu senken, und die Unglückliche, der es vor der Berührung mit den schleimigen Tieren graut, erträgt den lebenden Schmerzenskranz, der ihr auf ihrer Fahrt ins Totenreich aufgedrückt wird. Doch Proust, der immer Beweglichkeit anstrebt, fesselt die Großmutter nicht an ein christliches Symbol. Er vergleicht ihren Kopf auch mit dem der Medusa der Antike, voll Schlangen, die sich im Blut um Stirn und Schläfen winden.

Großmutters erhabener Gestalt im Bett mit all den Dekken, die sie ständig abwerfen will, steht eine würdige Spielpartnerin gegenüber – die langjährige Dienerin Françoise. Während der Erzähler und seine Mutter und Großmutter Produkte feinster französischer Kultur sind, damit aber auch abgeschirmt vom Volkstümlichen und kraß Natürlichen, ist Françoise ursprünglich, nicht ohne Roheit. Mutter und Enkel stehen ergriffen da, versuchen aber, ihre Tränen zurückzuhalten, um die Sterbende nicht zu beunruhigen. Françoise dagegen *zeigt* ihre Trauer, während sie aber auch darüber kichert, »was da für kleine Tierchen auf Madame herumlaufen«. Sie wacht am Totenbett, verläßt es aber öfter, weil sie sich ein Trauerkleid bestellt hat und die Schneiderin nicht warten lassen will.

Die Großmutter und Françoise bilden zusammen ein

Paar, das die ganze Kultur in sich schließt, zu der wir alle gehören und in der neben dem kultivierten Bewußtsein das volkstümliche, anonyme, ewige Leben mit seinen über Generationen vererbten und in keinem Buch formulierten Erfahrungen und Einsichten existiert. Beide Sphären brechen und befruchten sich gegenseitig.

Proust vergnügt sich damit, sein Todesdrama mit seltsamem Zierat und ulkigen Auftritten auszubauen. Er hatte seit seiner frühesten Jugend Gelegenheit, Arztattitüden zu studieren, denn der Bekanntenkreis des Vaters bestand hauptsächlich aus Medizinern, und er selbst war von Kindheit an den Bemühungen der Ärzteschaft ausgesetzt. »Die Natur scheint nur Krankheiten von kurzer Dauer hervorbringen zu können. Die Medizin aber hat sich die Kunst angeeignet, diese zu verlängern«, ist einer der vielen Sarkasmen des Romans mit dem Vater und vielleicht auch dem Bruder Robert, der ebenfalls Arzt war, als Zielscheibe.

Der Erzähler umgibt die Großmutter mit einer Galerie mehr oder weniger komischer Todesspezialisten. Die Farce und der Tod gehören von alters her zusammen. Hier wird uns eines der gelungensten Beispiele in der Geschichte der Todesdichtung präsentiert. Die grotesken Gestalten tanzen, purzeln, wirbeln über die Bühne, wo die egelgekrönte Königin/Großmutter auf den Eintritt ins Totenreich wartet. Der Name Molière fällt, ein Hinweis, mit wem der Dichter wetteifert.

Die Großmutter hat die Lebenshaltung eines Spartaners oder eines alten Römers und ist sich dessen bewußt, denn sie steht ebenso wie der Autor durch die Literatur in ständigem Kontakt mit der Antike. Sie will nicht über ihre Schmerzen klagen und so die wachende Tochter belasten. Und die Tochter will ihre Unruhe nicht verraten, um ihre Mutter nicht zu erschrecken. Die beiden führen eine Todeskomödie der gegenseitigen Rücksichtnahme auf. Wenn aus Großmutters Mund ein Stöhnen hervorbricht, behauptet sie, das komme von ihrem Ärger darüber, nicht ausgehen zu dürfen, wo doch das Wetter so schön ist. Ihre Tochter verbirgt ihre Tränen. Die beiden spielen, was man das Römerspiel nennen könnte.

Und auch der Erzähler, am Totenbett anwesend, hält seine Rührung zurück. Wenn man die erhaltenen Entwürfe zu der Szene studiert, kann man sehen, wie er versucht, die Großmutter vor allzu grausamen Blicken zu schützen. Eine heftige und fast brutale Bewegung, die sie in einem der Entwürfe in ihrer Todesminute macht, nimmt er weg, ebenso rücksichtsvoll wie die Mutter, wenn sie ihre Trauer verbirgt.

Als der Erzähler zum erstenmal, noch sehr jung, seiner Gesundheit wegen nach Balbec reist, ist die Großmutter seine Pflegerin. Er schämt sich, wie sich Kinder ihrer Eltern schämen, ihrer ländlichen Manieren, derentwegen sie vom Hotelpersonal nicht höflich behandelt wird.

Beim zweitenmal in Balbec, da ist die Großmutter tot, wird der Erzähler vom Hoteldirektor persönlich empfangen; dieser spricht ihm sein Beileid aus und erwähnt, daß die Großmutter bei ihrem vorigen Besuch ohnmächtig geworden sei, ihn aber flehentlich gebeten habe, es für sich zu behalten.

Als der Erzähler in sein Zimmer hinaufkommt – es ist Abend –, bückt er sich, um sich die Schuhe auszuziehen. Kaum hatte er den ersten Knopf berührt – so waren die Schuhe damals –, als ihm die Brust wie von einer unbekannten, göttlichen Gegenwart schwoll und die Tränen aus seinen Augen strömten.

Die Großmutter ist schon seit mehreren Monaten tot, jetzt aber ist sie wieder gegenwärtig, und er erinnert sich, wie sie sich der Schuhe wegen über ihn gebeugt hatte. Sie wollte dem Asthmakranken die Mühe des Schuheausziehens ersparen. Er ist zerknirscht vor Scham bei dem Gedanken, daß sie selber krank war, daß er so selten an sie gedacht und sie so oft traurig gemacht und enttäuscht hat.

Nachts im Schlaf fährt er auf einem Schiff »auf den düsteren Fluten unseres eigenen Blutes« – einem »inneren Lethefluß« – und sucht die Tote. Eine unterirdische Stadt wölbt sich über ihm, und gewaltige hohe Gestalten nähern sich ihm und lassen ihn weinend zurück.

Das ist die gleiche Fahrt, die Strindberg in *Advent* unternimmt und Joyce im Nachtkapitel von *Ulysses*, eine Entdeckungsreise mit vielen Gefahren für die im Schlaf entblößte Seele. Je tiefer im Arteriensystem, desto schwerer, das Bewußtsein zusammenzuhalten.

Der Erzähler erwacht, und es ist Morgen in Balbec. Er sieht durch das Fenster das Meer, das seine Großmutter gern viele Stunden lang betrachtete. Er dreht sich zur Wand, denn er hält die Erinnerungen nicht aus, und ihm fällt ein, daß er damals nur zu klopfen brauchte, damit die Großmutter gleich kommen würde.

Ihm ist, als bebe die Wand noch von ihrem Antwortklopfen, als wäre die Wand ein Klavier, auf dem die Großmutter gespielt hat. Das Instrument vibriert noch von ihrem Anschlag. Aber er weiß, wie stark er jetzt auch klopft, er wird keine Antwort bekommen, und er träumt, wie so viele vor ihm, von einer Wiederherstellung, einem Gleichgewicht von Gut und Böse, einer Belohnung jenseits des Grabes.

»Und ich erbat nichts anderes von Gott«, schreibt der Erzähler, »als daß, wenn ein Paradies existiert, ich dort gegen diese Wand drei kleine Schläge tun dürfte, die meine Großmutter unter tausend erkennen und auf die sie mit jenen anderen Schlägen antworten würde, die bedeuteten: ›Sei nicht unruhig, kleiner Schatz, ich verstehe, du bist ungeduldig, aber ich komme gleich‹, und daß er mich die ganze Ewigkeit mit ihr verbringen ließe, die für uns beide dann niemals zu lang sein würde.«

Vielleicht sollte man notieren, daß die lyrische Kraft, die diese Szene besitzt, den Erzähler nicht daran gehindert hat, genau der selbstsüchtige Jüngling zu bleiben, dem seine Großmutter ihre Zärtlichkeit geopfert hat. Im Paradies soll sie ihm weiterhin dienen und ihm die Ruhe und den Schutz geben, die sie und ihre Tochter, die Mutter des Erzählers, ihm geschenkt haben. So stark ist dieses Bedürfnis beim Erzähler, daß er seinen Gewissensqualen zum Trotz weiter der kranke kleine Junge ist, der sich manchmal verstellt und seine Symptome übertrieben hat, um mehr von Mutters und Großmutters Zärtlichkeit zu bekommen. In seiner Seele ist, wie ein

auf ihren Boden gesticktes Muster, der ausgebliebene Gutenachtkuß.
Doch der Erzähler hat alles geplant. Am nächsten Tag wird seine Mutter nach Balbec kommen. Er fühlt sich etwas weniger unwürdig, in ihrer Nähe zu leben, nachdem ein fremdes und herabwürdigendes Dasein seiner Trauer gewichen ist und ihr Platz gemacht hat, einer Trauer, die seine Seele veredelt. Doch er merkt sofort, daß sein Schmerz im Vergleich zu dem der Mutter oberflächlich ist.
Als die Mutter in ihrem schwarzen Trauermantel eintrifft, sieht der Erzähler, daß sie zu seiner Großmutter geworden ist, daß sie mit anderen Worten aus der Rolle herausgetreten ist, die er ihr zugeteilt hatte, und wieder ihre eigene angenommen hat. Die Tote hat sie in Besitz genommen und sie zu ihrem Ebenbild und ihrer Nachfolgerin gemacht. »Vielleicht«, sagt der Erzähler, »zerreißt der große Kummer, der bei einer Tochter, wie Mama es war, auf den Tod der Mutter folgt, nur um so früher die Hülle, beschleunigt die Metamorphose und das Hervortreten eines Wesens, das man in sich trägt.«
Die Mutter des Erzählers trägt die Handtasche ihrer Mutter und zieht ihre Kleider an. Sie läßt diejenigen ihrer Eigenschaften, die denen ihrer Mutter gleichen, aufblühen, andere Eigenschaften dahinwelken. Und sie fängt an, mit dem gleichen Eifer Madame Sévigné zu lesen und zu zitieren, wie ihre Mutter es immer getan hat.
Was wir sehen, ist ein Doppelporträt, bei dem eine Übertragung von Leben stattgefunden hat, von jemandem, der verschwindet, auf jemanden, der bleibt.

Dieses Erbe wird im Nachlaßverzeichnis der Toten nicht aufgeführt. Aber jeder von uns, der einen Menschen liebt, der gestorben ist, weiß, daß er kleine Züge, Gesten, Worte des Toten aus dem Grab holt, um damit sich selbst zu schmücken und den Mut zu finden, weiterzuleben.

Hinter der Mutter, die sich in ihre eigene Mutter verwandelt, steht der Erzähler und hinter diesem Marcel Proust. Die beiden Letztgenannten streben danach, in die Gestalten der beiden Frauen zu schlüpfen. Wer zitiert fortan ständig Madame de Sévigné? Marcel Proust ist sein Name, und er schreibt in seinen Roman die Tugenden ein, mit denen Großmutter/Mutter ausgestattet waren.

BARON VON CHARLUS

1

Sodom und Gomorra waren dem Ersten Buch Mose zufolge zwei palästinische Städte, die Gott mit Feuer und Schwefel für das gottlose Leben strafte, das dort geführt wurde. Bei Proust steht Sodom als Symbol für Männer, die Männer lieben, und Gomorra für die lesbische Liebe. Er macht *Sodom und Gomorra* zum Titel der vierten Abteilung seines Romans. Damit hat er schon von Anfang an ein Urteil über die gefällt, die »gegen die Natur lieben«, zu denen er selber gehörte.

Baron von Charlus ist der wichtigste unter den vielen Homosexuellen des Romans. Er ist überall dabei, wo etwas Wesentliches passiert. Als der Erzähler ihn zum erstenmal sieht, ohne zu wissen, wer er ist, befindet sich der Baron in Tansonvilles Garten – ich erwähnte es im Kapitel »Der Weißdorn, der Ochse, die Bäume«. Der Baron steht an Gilbertes Seite auf dem Gartenweg, als der Junge mit seiner Familie vorbeikommt. Der Baron starrt ihn »aus leicht hervortretenden Augen an«. Seine brennenden Blicke werden dem Erzähler ein Leben lang folgen. Er mißdeutet sie ebenso wie Gilbertes unanständige Geste.

Beim nächstenmal, als der Erzähler den Baron aus der Nähe studiert, ist er noch verwirrter. Der Erzähler ist zu einem schönen Jüngling herangewachsen. Am Strand von Balbec, demselben Strand, wo die Prinzessin von

Luxemburg Großmutter-Ente mit einem imaginären Stück Brot füttert, beobachtet er einen großen, vierzigjährigen, erlesen gekleideten Mann mit schwarzem Schnurrbart, der ihm eigentümlich suchende Blicke zusendet, kühn und vorsichtig zugleich. Um sein Interesse zu verbergen, tut der Mann so, als studiere er ein Plakat. Sein Blick streift umher wie der eines Straßenhändlers, der, während er seine verbotenen Waren anpreist, in alle Richtungen nach der Polizei späht.

Was der Erzähler sieht, ohne es zu begreifen, ist ein homosexueller Mann auf der Jagd nach erotischer Beute, ihm selbst. Die sexuelle Erregung wird von der Furcht gehemmt, entlarvt zu werden. Während andere Männer ungehindert – und von geltenden Konventionen ermuntert – versuchen können, Frauen zu erweichen, müssen Homosexuelle wie eine Schande verbergen, was für sie die süßeste aller Verlockungen ist. Der Erzähler zieht, verwirrt und fasziniert, den Schluß, der Mann sei ein Geisteskranker oder ein Spion.

Die Erzählmethode, die Proust den Erzähler praktizieren läßt, setzt voraus, daß wir in jedem einzelnen Fall nur wissen, was der Erzähler selber wußte. Die Erzählung vom Baron von Charlus ist aufgebaut wie ein Kriminalroman. Wir folgen Spuren, die nach einer Unzahl von Zickzackwegen zur Entlarvung führen.

Die Methode gibt leicht zu Mißverständnissen Anlaß. Als die erste Abteilung des Romans publiziert wurde, schrieb ein Kritiker, der Autor, den er für identisch mit dem Erzähler hielt, sei schon sehr naiv, wenn er es zulasse, daß ein berüchtigter Frauenheld wie der Baron mit

Swanns schöner Frau auf Tansonville allein bleibe. Proust erklärte in einem Brief, Swann habe zusammen mit dem Baron studiert und sei sich über dessen Veranlagung klar gewesen. Darum wußte er, daß Odettes Tugend nicht bedroht war. Aber daß er – Proust, der hier also die Rolle des Erzählers übernimmt – vorgezogen habe, als naiv zu gelten und nicht seinen künstlerischen Plan zu opfern, dem zufolge die wahre Natur des Barons erst später enthüllt werden sollte.

Ist es vernünftig, daß der Leser tausend Seiten hindurch über das Rätsel Baron von Charlus spekuliert? Proust kann antworten: So ist das Leben. Menschen, die wir kennenlernen, offenbaren erst spät ihre wahre Natur. Unser Dasein besteht aus Erwachen, und was ich schildere, ist der Weg des Erzählers zur Einsicht. Wenn der Erzähler erst im Alter die Bedeutung von Gilbertes Geste versteht, illustriert das, wie es im Leben zugeht. Wir sind Gefangene unserer Mißverständnisse.

Proust könnte möglicherweise auch antworten: Meinen Roman soll eines Tages ebenso wie die *Ilias* und *Die Göttliche Komödie* jeder kennen, der sich für die Dichtkunst interessiert. Dann, in der Zukunft meiner Lesezeit, weiß jeder, daß Baron von Charlus homosexuell ist. Das Vergnügen meiner Leser wird gesteigert, da sie sein Geheimnis kennen. Amüsiert studieren sie die Zeichen, die ich hineinschmuggle. Vielleicht ergreift sie das Schicksal des Barons tiefer, als wenn ich vom ersten Augenblick an seine Eigenart bloßgelegt hätte.

2

Während der Roman voranschreitet, kommen wir der Wahrheit über Baron von Charlus ständig näher. In der dritten Abteilung des Romans, die den Titel *Die Welt der Guermantes* trägt, werden die Andeutungen Legion, ohne daß sich an der unschuldsvollen Pose des Erzählers etwas ändert. Er hat einen seiner Vorväter in Voltaires Candide.

Als Madame de Villeparisis hört, daß der Erzähler zusammen mit dem Baron von ihrem Empfang aufbrechen will, ist sie unangenehm berührt. »Hätte es sich nicht um eine Sache gehandelt, bei der eine Regelung dieser Art ganz ausgeschlossen war, hätte ich gemeint«, schreibt der Erzähler, »Madame de Villeparisis fühle sich in ihrem Schamgefühl verletzt.«

Der Erzähler versichert Madame de Villeparisis, er sei »enger befreundet mit ihm«, als sie annehme, und er werde »alles tun, um es noch mehr zu werden«. Der frivole unterschwellige Sinn wirkt hier auf die gleiche Weise wie die Unanständigkeiten, die Shakespeare Ophelia in den Mund legt. Die Unschuld weiß nicht, daß sie im Dienst eines raffinierten erotischen Genusses steht.

Dieses Spiel kulminiert am Ende der Romanabteilung, als der Baron den Erzähler bittet, ihn um elf Uhr abends zu besuchen. Als der Erzähler eintritt, liegt der Baron in einem chinesischen Hausrock mit bloßem Hals auf einem Sofa. Auf einem Stuhl neben ihm liegen ein Zylinder und ein Pelz.

Der Baron gleiche, sagt der Erzähler, einem alternden

Apoll, doch ein grüngelber galliger Geifer schien jeden Augenblick über seine Lippen quellen zu wollen. Er macht den Eindruck eines Mannes jenseits von Gut und Böse, getrieben von verborgenen Leidenschaften. Er wäre sogar imstande, einen Mord zu begehen.

Der Erzähler begreift auch jetzt nicht, daß die Leidenschaft *ihm* gilt, daß den Baron die Geilheit zur Verzweiflung treibt. Der Baron hofft, daß der Erzähler die Bitte versteht, die seine Augen ausdrücken, sein Mund aber nicht auszusprechen wagt. Der innere Druck läßt ihn schließlich jede Beherrschung verlieren. Rasend schleudert er seinem Besucher Anklagen entgegen, die die Grenze zum Wahnsinn überschreiten:

»Meinen Sie wirklich, es stehe in Ihrer Macht, mich überhaupt zu verletzen? Wissen Sie denn nicht, mit wem Sie eigentlich reden? Glauben Sie, der giftige Speichel von fünfhundert kleinen Kerlen wie Sie, selbst wenn sie sich aufeinander hocken, könne auch nur meine erhabenen Zehen berühren?«

Ich weiß noch, daß ich, als ich dies zum erstenmal las, ebenso verblüfft war wie der Erzähler. Ich verstand nicht, daß der Ausbruch des Barons Notsignale waren und ihn vielleicht zum Samenerguß kommen ließen – dies wird angedeutet –, und ich hörte nicht die Tränen in seiner Stimme, die der Erzähler zweimal vermerkt. Das Ganze erschien mir wie eine schreckliche und sinnlose schwarze Farce.

Eine Parallele zu dieser Szene gibt es in Racines Tragödie *Phädra*, und Proust hat dafür gesorgt, daß sie uns nicht entgeht. Bergotte, der Dichter, der ein geheimes Selbstporträt Prousts ist, schreibt ein Buch über *Phädra*, und Gilberte schenkt dem Erzähler ein Exemplar, umwickelt mit malvenfarbenem Seidenband. Als dem Erzähler zum erstenmal erlaubt wird, ins Theater zu gehen, sieht er die große Schauspielerin Berma in der Szene, in der Phädra, Theseus' Frau, nach angstvollem Zögern ihre verbrecherische Liebe zu ihrem Stiefsohn Hippolytos gesteht. Phädras einleitende Replik: »Ich hab' vernommen, Fürst, daß Ihr in Bälde reist«, taucht im Roman mehrmals auf, wie eine Losung. Hinter Phädra ahnt man ihre Mutter, Pasiphae, besessen von einer noch tragischeren Leidenschaft – für den Stier.

Der Abgrund, über den Phädra springen muß, um den Geliebten zu erreichen, ist nicht weniger weit und wild als der, den der Baron vor sich hat, wenn er seine Liebe zu dem jungen und schönen Erzähler gestehen soll. Obwohl kein Wort im Roman die Verbindung zwischen Phädra und dem Baron andeutet, ist sie da und strahlt Licht aus. Phädra und der Baron sind ein Zwillingspaar, eines der vielen im Roman. Prousts Schilderung von Charlus' Verzweiflung neben Hut und Pelz ist auch seine Herausforderung des Meisters Racine.

Der Erzähler, gewöhnlich so beherrscht, wird bei den Beleidigungen des Barons und den »erhabenen Zehen« rasend. Er will auf den Baron zustürzen, bedenkt aber sein Alter und das kostbare Porzellan, das ihn umgibt. Er wählt statt dessen den Zylinder – ohne Zweifel zum Requisit in einem erotischen Spiel bestimmt –, trampelt darauf herum, reißt den Kopf heraus, zerbricht die Krempe und stürzt zur Tür.

Man wundert sich nicht, wenn man in Prousts Biographie die Notiz findet, daß er einmal vor einem Freund, der ihn verließ, in rasendem Schmerz einen Hut auf ähnliche Weise behandelte. Proust ist ein Mann, der alles benutzt, aber weiß, wie man es verwandelt.

3

Marcel Prousts Biographen haben sich mit größtem Eifer darum bemüht, eine Bestandsaufnahme seiner sexuellen Eigenart zu machen. Proust war in jüngeren Jahren in Frauen verliebt, doch ob er mit einer von ihnen eine intime Verbindung hatte, weiß man nicht mit Sicherheit. Heftige, schwärmerische Freundschaften mit Jungen und Männern gab es viele in seinem Leben. Wahrscheinlich ist Reynaldo Hahn, ein talentierter Musiker, der Saint-Saëns nahestand, seine erste ganz erfüllte Liebesbeziehung mit einem Mann. Später hatte er hauptsächlich Verbindungen mit Männern von geringerer Bildung, beinahe in Dienerposition. Er selber hat den Sekretär/Chauffeur/Diener Alfred Agostinelli als seine große Liebe bezeichnet. Ein promiskuitiver Zug fand sich von Anfang an in Prousts Persönlichkeit, und dieser gewann gegen Ende seines Lebens möglicherweise die Oberhand.

Im Roman dagegen liebt der Erzähler nur Frauen und verurteilt die Homosexualität als ein Laster. Das bringt Proust in ein schwer zu lösendes Dilemma. Er hat umfassende Erfahrung mit dem Leben in »den Städten im niedern Grund«, während sein Romanerzähler auf diesem Gebiet angeblich völlig unwissend ist. Proust gleicht einem Mann mit einer riesigen Summe schwarzen Geldes, der nach einem Ausweg sucht, um dieses zu waschen. Um sich zu schützen, denkt er sich seltsame Tricks aus.

Es scheint ihm natürlich – ich habe schon Beispiele dafür genannt –, sich Dante zum Bundesgenossen zu nehmen. Einmal ruft der Erzähler aus:

»Der Dichter, den kein Vergil geleitet, ist zu beklagen, da er durch Höllenkreise von Pech und Schwefel wandern und sich, um einige Bewohner Sodoms dennoch herauszuführen, in das Feuer stürzen muß, das vom Himmel herabfällt. Seinem Werk fehlt jeder Reiz, in seinem Leben waltet die gleiche Strenge wie bie jenen entlaufenen Priestern, die auch weiter der Regel eines unverbrüchlichen Zölibats folgen, damit niemand einem anderen Umstand als dem Verlust einer Glaubensüberzeugung die Tatsache zuschreiben kann, daß sie die Soutane ausgezogen haben.«

Die Absicht ist, daß der Leser Proust als einen Dante betrachtet, der die Homosexuellen, in der Hölle mit einem Feuerregen bestraft, nur zu Studienzwecken besucht. Er wird von dort zurückkehren und sich mit den Erlösten vereinigen, mit denen, deren Liebe erlaubt war. Die Wahrheit ist, daß Proust selber zu den in Sodom Verdammten gehörte, dies aber um jeden Preis verbergen wollte.

Die Romanabteilung *Sodom und Gomorra* wird mit einer Szene eingeleitet, angesichts deren der Erzähler seine

Unschuld mit einem Schlag verliert. Hinter einer Gardine wird er Zeuge, wie der Baron auf dem Hof des Stadtpalais des Herzogspaars von Guermantes dem Westenmacher Jupien begegnet, in dem Augenblick, als dieser aus seinem Laden tritt.

Es folgt eine Verführungsszene, in der die beiden Auftretenden sich geschickt einander anpassen. Jupien stemmt mit grotesker Überheblichkeit die Faust auf die Hüfte. Der Erzähler benutzt Bilder aus der Natur, um den Ablauf zu beleuchten. Man hat die Orchidee der Herzogin auf den Hof gestellt, in der Hoffnung, daß eine vorbeifliegende Hummel ihre Stempel befruchten wird. Das geschieht im selben Augenblick, wie sich der Baron dem Westenmacher nähert.

Es sei natürlich, schreibt der Erzähler, ein Bild aus der Natur heranzuziehen, denn ein und derselbe Mensch, wenn man ihn ein paar Minuten lang beobachtet, erscheine nacheinander als Mensch, Vogelmensch, Fischmensch und Insektenmensch.

Doch nicht zufrieden mit Vergleichen aus der Natur, greift der Erzähler zur Kunst. Der Baron wirft heischende Blicke auf Jupien, um den Weg für den Beischlaf zu bereiten, ebenso wie in einem Werk Beethovens die fragenden Motive unendlich oft wiederholt werden und mit einem übertriebenen Aufwand an Vorbereitung ein neues Thema, einen Wechsel der Tonart herbeiführen sollen.

Der Baron und Jupien verschwinden im Haus. Durch eine Bretterwand lauscht der Erzähler Wollustschreien, »so stark, daß ich, wären sie nicht immer wieder eine

Oktave höher von einer parallel verlaufenden Klage aufgegriffen worden, hätte meinen können, neben mir erwürge eine Person eine andere, hinterher aber nähmen der Mörder und sein wiedererstandenes Opfer ein Bad, um alle Spuren des Verbrechens gründlich abzuwaschen«.

Der junge Mann aus *Contre Sainte-Beuve*, der sich von Ähnlichkeiten und Parallelen nährt, ist hier zum reifen Meister herangewachsen. Zwischen den unterschiedlichen Ebenen sprühen Funken. Beethoven mit seinem fast heiligen Status in der Kunstwelt illustriert einen brutalen homosexuellen Beischlaf. Vögel, Insekten, Fische fliegen und schwimmen ins Bild. Das Hohe und das Niedrige befruchten einander, und neue Schönheit entsteht.

Baron von Charlus und der Westenmacher Jupien kopulieren – ich habe nur einen kleinen Teil der Hinweise in Zeit und Raum erwähnt, die Proust gibt –, doch was der Leser erlebt, ist nicht in erster Linie ein homosexueller Beischlaf. Vielleicht hat Proust seine Darstellung mit Parallelen überladen. Vielleicht wird die Szene irgendwann in Zukunft mehr zum Lachen herausfordern als Bewunderung wecken. Doch es ist schwer zu leugnen, daß von dem dicklichen Baron und dem simplen Schneider plötzlich eine eigentümliche und phantastische Schönheit ausstrahlt. Sie sind in die himmlische Sphäre der Kunst erhoben und doch immer noch auf dem Hof und im Schuppen.

4

Die vorgebliche Unwissenheit des Erzählers hatte zum Ziel, bösen Gerüchten zu begegnen, die über Proust im Umlauf waren und ihn quälten. Einmal trug er deswegen sogar ein Duell aus. Doch das Spiel war auch eine künstlerische und moralische Notwendigkeit.

Nachdem der Erzähler den Beischlaf des Barons und Jupiens geschildert hat, bricht er in Wehklagen über das Schicksal der Homosexuellen aus. Nirgendwo im Roman kommt Proust einem Appell, einem offenen Bekenntnis näher. Er hatte dies schon in *Contre Sainte-Beuve* vorbereitet, im Kapitel »La race maudite« (»Die verfemte Rasse«), und kommt nun, zum Teil mit denselben Worten, darauf zurück.

Die Homosexuellen müssen, heißt es, wie Verbrecher ihr Geheimnis vor denen verbergen, die sie am liebsten haben, aus Furcht vor dem Kummer der Familie, der Verachtung der Freunde und den Gesetzen ihres Landes. Wie das Volk Israel leben sie in der Schande eines unverdienten Abscheus. Sie sind abgeschnitten vom Familienleben, denn sie können niemals offen sein, von der Nation, wo sie als unentdeckte Verbrecher betrachtet werden, von der Freundschaft, denn oft haben Freunde den Verdacht, sie wollten mehr. Sie sind Söhne ohne Mütter.

»Die Homosexualität aber, die in Scham und Verfolgung trotz aller Hindernisse weiterbesteht, ist die einzig wahre, die einzige.«

André Gide hat als erster – Nachplapperer gibt es viele –

Proust seinen Mangel an Aufrichtigkeit zum Vorwurf gemacht. Er hätte seine Homosexualität offen bekennen müssen und so zu einem offeneren und toleranteren erotischen Klima beigetragen.

Diese Argumentation ist oberflächlich und irreführend. *Auf der Suche nach der verlorenen Zeit* ist aufgebaut auf einer Homosexualität, die ihren Träger in eine unmögliche gesellschaftliche Situation versetzt. Dadurch, daß Proust gezwungen ist, sich zu verbergen und das Licht über seiner Bühne jeden Augenblick zu verändern, *ist* er Proust. Die Falschheit ist die Voraussetzung seiner Kunst und seiner Stellung in der Gesellschaft.

Die Verstellung ist die Lebensform des Barons. Er geht lieber das Risiko ein, als Verrückter betrachtet zu werden, als sich entlarven zu lassen. Proust befindet sich in der gleichen Situation. Hätte er sich als Homosexueller zu erkennen gegeben und darauf bestanden, anerkannt und respektiert zu werden, wäre er kein Repräsentant der Homosexualität mehr gewesen, da diese per definitionem verurteilt wird.

Wenn die Homosexualität gesellschaftlich gebilligt wird, hört sie auf, außerhalb zu stehen. Indem er dazu verurteilt war, ausgestoßen zu sein, kam der Homosexuelle zu Einsichten, die anderen verborgen blieben. Die Homosexuellen, die zu strengen Strafen verurteilt wurden, wenn man sie entdeckte, hatten eine korrigierende Aufgabe in unseren ständig von Versteinerung und Selbstgerechtigkeit bedrohten Gesellschaften.

Proust hat Augenblicke des Zweifels. Zweimal erzählt er folgende an einen Witz erinnernde Anekdote:

Ein Mann, den man in eine Irrenanstalt gesperrt hat, schreibt ein wundervolles Gedicht. Ein Freund, der das Gedicht gelesen hat, kommt zu Besuch und hört von dem Eingesperrten, er sei Opfer einer Verschwörung von Familie und Arzt, und wird von ihm darum gebeten, ihm herauszuhelfen. Überzeugt schickt sich der Freund dazu an, eine Befreiungsaktion ins Werk zu setzen. Da schließt der Mann mit den Worten: »Sehen Sie, der Kerl dort, der im Hof auf mich wartet und mit mir sprechen will, und mit dem ich mich jetzt wohl oder übel abgeben muß, glaubt, daß er Christus ist. Das allein genügt ja als Beweis, mit was für Verrückten man mich hier zusammensperrt; er kann ja gar nicht Christus sein, denn der bin ich ja selbst!«

Mit anderen Worten: Brachte Prousts abweichende Veranlagung ihn zu einer falschen Perspektive? Manchmal befiel ihn der Verdacht, daß seine Beobachtungen von Menschen und Natur keinen allgemeingültigen Wert besäßen. Das Gedicht des eingesperrten Irren wurde durch seine Abschiedsreplik vernichtet. Wird der Leser in dem Augenblick, in dem er aufgeklärt wird, daß der Autor des wundervollen Gedichtes homosexuell ist, sich voller Ekel abwenden und verwerfen, was er eben noch bewundert hat?

Wie soll der Homosexuelle wissen, daß er das Recht besitzt, vom Leben auf der Erde Zeugnis abzulegen, wenn die Natur ihn anders ausgestattet hat als andere? Die Frage müßte natürlich jeder Mensch an sich selbst richten, denn wir sind alle einsame Wesen unter Fremden, bei Proust aber drängt sie sich auf.

Der Zweifel aber schärft Proust den Blick und steigert den Wert seines Romans.

5

Während der Leser bis zur Lösung des Rätsels Baron von Charlus von einem unschuldsvollen Erzähler unterhalten wird, der von Homosexualität nichts weiß, lauscht er jetzt einem Mann mit nahezu enzyklopädischem Wissen, der sich zuweilen in einen pedantischen Dozenten im Fach pervertierte Liebe verwandelt. Der Erzähler gleicht einem Menschen, der den Wald nur bei Tageslicht erlebt hat und jetzt, ausgerüstet mit Augenlicht und Gehör der Eulen, Zeuge eines verborgenen nächtlichen Lebens wird. Der Übergang ist fast wundersam und findet seine Erklärung darin, daß die Unschuld zuvor nur gespielt war.

Falle es zutrifft, daß die Romangestalten im allgemeinen keine Individualität haben und sich verändern, bildet Baron von Charlus eine Ausnahme. Er ist eine selbständige Person, von außerordentlicher Komplexität, aber fixierbar, vielleicht deshalb, weil er mehr von Proust hat als irgendein anderer.

Der Baron pudert sich das Gesicht und färbt Haar und Schnurrbart. Wenn er in einen Salon eintritt, sagt der Erzähler, befiehlt er seinem Körper, als großer Herr aufzutreten, der aber gehorcht nicht, sondern entwickelt statt dessen den gewinnenden Charme einer großen Dame, und er schwenkt seine fetten Hüften, als würden diese von Röcken umflutet und behindert.

Der Baron ist – das Bild stammt von Proust – ein Kentaur, zwei unvereinbare Wesen, gezwungen, auf ewig schmerzhaft verbunden zusammenzuleben. Er hat männliche Ideale, denn es sind Männer, die er liebt und denen er körperlich nacheifern will. Er unternimmt stundenlange Fußmärsche und stürzt sich in eiskalte Flüsse. Er besitzt eine Tapferkeitsmedaille aus dem Krieg 1870/71 und hat zahlreiche Duelle ausgetragen.
Doch die Frau in ihm bricht hervor und verrät ihn. Als Madame Verdurin ihn fragt: »Haben Sie von meiner Orangeade genommen?«, antwortet er mit einem huldvollen Lächeln: »Nein, das danebenstehende Getränk, Erdbeersaft, glaube ich, der ganz köstlich war«, und der Erzähler behauptet, daß ihn »eine gewisse Art von geheimen Vorgängen« in Stimme und Armbewegungen verrate. »Ohne daß man es sich ausdrücklich sagt«, fährt der Erzähler fort, »hat man das Gefühl, daß diese Antwort von einer sanftmütig lächelnden Dame kommt, die einem manieriert vorkommt, weil sie sich als Mann ausgibt und man nicht gewöhnt ist, daß Männer so viel Umstände machen.«
Doch das Porträt des Barons von Charlus ist viel mehr als das Bild eines homosexuellen Mannes, ständig darauf bedacht, daß sein Geheimnis nicht gelüftet wird. Der Erzähler nennt den Baron einmal einen Amateur in seinem Leben. Dies geschieht, nachdem der Baron eine schockartige Liebesenttäuschung erlebt hat. Wäre es jemandem wie Bergotte so ergangen, sagt der Erzähler, hätte es von Wert für seine Dichtung sein können.
Bergotte spricht hier in Prousts Namen. Proust war das

Gegenteil eines Amateurs, und er verwandelte Schmerz und Schmutz in seinem Leben in das Gold seiner Dichtung. Baron von Charlus steht für einen Ausweg, den auch Proust erprobt, aber aufgegeben hat. Der Baron hat außerordentliche Eigenschaften und ist hoch begabt, ein Leonardo da Vinci, auch letzterer von seiner Homosexualität zum Verbrechen getrieben. Der Baron spielt Klavier, malt, schreibt Gedichte weit über dem Mittelmaß. Er analysiert scharfsinnig die politische Rhetorik, die sich während des Weltkriegs entwickelt. Er hätte ein großer Prosaschriftsteller werden können, behauptet der Erzähler, und er weiß, wovon er redet, denn der Autor des Romans, den wir lesen, ist Charlus unter anderen Sternen.

Die Erotik hat den Baron befallen wie eine tödliche Krankheit. Der Blick, der im Garten von Tansonville gebrannt hat, brennt den ganze Roman hindurch. Der Baron scheint sich nichts anderem als der Tätigkeit zu widmen, junge Männer zu gewinnen und zu genießen, ist aber in Wirklichkeit ein Dichter, der nicht mit Worten dichtet, sondern mit seinem eigenen Körper und seinem eigenen Schicksal als Material.

Der Baron ist unbezähmbar in seinem Lebensappetit, eine komische Gestalt mit Zügen eines Falstaff und ein Meister der Übertreibung. Es heißt, er habe seine Frau geliebt und sei nach ihrem Tod jeden Tag zu ihrem Grab gegangen. Gleichzeitig aber prahlt er damit, daß er bei ihrer Beerdigung den Chorknaben um dessen Namen und Adresse gebeten habe.

Der Stolz auf seine Abstammung nimmt phantastische

Formen an, hat aber seine Wurzel nicht in Snobismus, sondern in dem Gefühl des unmittelbaren Kontaktes mit den Vorvätern. In Madame Verdurins Salon bleibt er eines Tages sitzen, als sie ihn stehend anspricht – ein unerhörter Verstoß gegen die Etikette in seiner Welt. Der Baron führt in diesem Augenblick ein lebendes Bild auf, den Memoiren Saint-Simons entnommen. Ein gewisser extrem hochmütiger Marschall d'Uxelles läßt sich darin nämlich die gleiche Unhöflichkeit zuschulden kommen.

Das Leben des Barons ist die negative Antwort auf die Frage, die sich Proust wieder und wieder stellt: Gibt es etwas in der Kunst, das mehr zählt als das Leben selbst und uns dazu bringen kann, letzteres für ersteres zu opfern? Wenn der Erzähler ständig aufschiebt, den geplanten Roman zu schreiben, grübelt er, ob es nicht mehr zählt, eine sterbliche Frau zu lieben, als ein »unsterbliches« Werk zu erschaffen, das in ein paar Jahren ebenfalls der Vergänglichkeit anheimfallen wird.

Als sich der Baron in Morel verliebt – denn eine tiefe und langdauernde Liebe ist ebensowenig wie bei Proust unvereinbar mit seiner Promiskuität – und eines Tages von seinem Geliebten versetzt wird, schreibt er in einem Rausch von Inspiration an Morel, er werde seinetwegen ein Duell auf Leben und Tod austragen. Anlaß ist ein diffamierendes Gerücht über sie beide. Um den Wahrheitsgehalt dieser Lüge zu unterstreichen, bestellt der Baron sofort zwei Personen zu sich, die seine Sekundanten sein sollen.

Morel, der erregt begreift, daß ein Duell ihn in einen Skandal hineinziehen würde, gibt nach und stürzt zu dem verlassenen Baron. Dieser aber ist schon ein Opfer seines eigenen Gedankenspiels geworden. Er ist davon überzeugt, daß er sich wirklich seiner Ehre zuliebe duellieren und sich unter seine glorreichen Ahnen einreihen wird. Er sieht sich selbst in einer Rolle auf der Weltbühne. Was sei, ruft er aus, Sarah Bernhardt in *L'Aiglon* im Vergleich zu ihm? Nur die Arena eines antiken Amphitheaters wäre ein seiner würdiger Rahmen. Er weiß sich vor Begeisterung über diese Gedanken nicht mehr zu halten und fängt an, Kontraquarten zu schlagen wie in einer Komödie von Molière. Er will, daß Elstir, der Maler, ihn im Kampf darstellt, und so ein einzigartiges Beispiel des Wiederauflebens völkischer Kräfte auf der Leinwand festhalten.

Wenn sich der Leser nach der Lektüre dieser sublimen und komischen Passage umdreht und zurückblickt, entdeckt er, daß das Gemälde schon gemalt ist. Wenn auch mit Prousts Worten und nicht mit Farbe.

Die Phantasiedramen des Barons haben eine Bedeutung, die Proust halb verbirgt, vielleicht, weil es gefährlich für ihn selbst ist. Die Erotik in Prousts Roman liegt immer nahe am Sadistischen. Direkt am Schmerzpunkt des Kentauren ist Genuß.

Der Baron hatte einen Erguß, als der Erzähler nachts zu Besuch kam. Sobald dies geschehen ist, ändert sich der Ton der Erzählung. Milde folgt auf das Unwetter. Als der Erzähler das Palais des Barons verläßt, hört er Beethovens Pastoralsymphonie, gespielt von einem Orchester, das der Baron engagiert hat, um die erotische Séance zu beleuchten. Der dritte Satz, »Frohe und dank-

bare Gefühle nach dem Sturm«, erklingt. Dieser ganze Romanabschnitt läßt sich als verdeckte Beschreibung eines Beischlafs lesen.
Die Phantasiekraft des Barons wird eingesetzt, um ihm Genuß zu schenken. Er will Morel ein Vater sein und dessen musikalisches Verständnis vertiefen, doch reizt ihn auch die Bosheit des Violinisten. Als Morel erzählt, er träume davon, mit Hilfe eines Eheversprechens eine Unschuld zu verführen, aber zu verschwinden, »sobald die kleine Operation erfolgreich durchgeführt wäre«, kommt der erregt lauschende Baron, heißt es, zu »einem sinnlichen Vergnügen«. Doch als er dieses ausgekostet hat, weicht das Böse von ihm, und er wird wieder gut und künstlerisch sensibel und belehrt Morel über Beethovens späte Quartette.
Der Sturz des Barons steht indessen kurz bevor. Er organisiert in Verdurins Salon ein Konzert, bei dem Vinteuils noch nicht gespieltes Septett vorgestellt werden soll, das musikalische Werk also, das der Erzähler ausführlich analysiert und an die Seite des Romans stellt, den er selber schreibt. Der Baron lädt tonangebende Personen aus seinen Kreisen ein. In einem Rausch des Glücks bei dem Gedanken, daß Morel, sein Geliebter und geistiger Sohn, jetzt triumphieren wird, vergißt der Baron, daß Madame Verdurin in ihrem eigenen Haus beiseite geschoben und gedemütigt wird, sie, die sich als Großfürstin der Kunst betrachtet und bald das russische Ballett mit Diaghilev, Nijinskij und Strawinsky bei sich empfangen wird. Einige der Gäste grüßen sie nicht einmal. In ihrem Ärger plant sie eine Rache.

Als das Konzert erfolgreich beendet ist, flüstert Madame Verdurin Morel ins Ohr, er sei in den Augen aller anständigen Menschen skandalisiert, sein schändliches Verhältnis mit dem Baron sei allgemein bekannt. Der Baron, lügt sie, nenne Morel sogar seinen Bedienten. Das sitzt, denn das ist Morels schwacher Punkt: Sohn eines Bedienten zu sein. Er beschließt, mit dem Baron zu brechen.

Als der Baron freudestrahlend auf Morel zustürzt, um ihm zu gratulieren und ihn zu umarmen und ihm das Kreuz der Ehrenlegion zu prophezeien, wird er von einer Eiseskälte und Beschimpfungen empfangen. Der Baron verliert in diesem Augenblick all seinen königlichen Glanz. Die Erzengel sind weit weg, und er verwandelt sich in einen zitternden alten Herrn. Wenn man ihn sinken sieht, wird einem die Bedeutung all der Genugtuungsszenen des Romans bewußt. Proust hat sich, in seinem eigenen Körper oder in der Phantasie, in der Situation des Barons befunden und eine Entdeckung gefürchtet.

Doch der Tagträumer Proust verläßt ihn nicht einmal jetzt. Er bietet dem Baron augenblicklichen Trost an. Beim Konzert anwesend ist die Königin von Neapel, eine historische Person, gesellschaftlich weit über allen anderen, denn sie hat einem »regierenden« Könighaus angehört. Sie wird Zeuge der Demütigung des Barons und ist voller Mitgefühl, denn sie erkennt im Baron einen Verwandten. Sie bietet dem Vernichteten ihren Arm, und die beiden schreiten aus dem Salon als die geistigen Sieger über Kleinlichkeit und Gemeinheit. Frau Verdurin wird keines Blickes gewürdigt.

Dies ist eine theatralische Szene – Ernst und möglicherweise unbewußte Komik gemischt. Man könnte glauben, Baron von Charlus hätte sie erdichtet und nicht Proust. Eine vor langer Zeit abgesetzte Königin rettet den Baron, auch er Angehöriger einer sinkenden Klasse. Nur in der Welt des Scheins kommt es zu einer solchen Rehabilitierung und Genugtuung, der aufwendigsten des ganzen Romans. Doch sie befindet sich in Übereinstimmung mit der Rolle des Barons, die ihn jeden Augenblick zum Helden macht, in einem Phantasieschauspiel von wunderbarer Wirkung.

DAS KLEID

Jean Cocteau vergleicht Prousts Roman mit einem gewaltigen Labyrinth unter freiem Himmel, durch das der Leser zwischen vielen Spiegeln wandert, einen starken Faden in der Hand. Das Bild ist gut, doch der wegweisende Ariadne-Faden findet sich nicht immer.
Einmal nennt der Erzähler sein Buch ein Kleid. Er stellt es sich auf einer Büste im Atelier vor. Plötzlich hat er ein buntes Stück Stoff in der Hand, das er irgendwo anheftet, im Vertrauen darauf, daß es sein Werk schmückt und nicht die Proteste der Bestellerin hervorruft.
Zu einer lustigen und eigentümlichen Episode kommt es beim zweiten Besuch des Erzählers in Balbec. Er hat wie beim erstenmal das feinste Hotel bezogen. Morgens – wir sind in der vierten Abteilung des Romans – bekommt er Besuch von zwei jungen Kammermädchen, angestellt bei einer nicht namentlich genannten vornehmen ausländischen Dame, auch sie ein Gast des Hotels. Die Mädchen heißen Marie Gineste und Céleste Albaret.
Sie sitzen auf seiner Bettkante und scherzen und lachen. Sie sind voller Anmut geschildert, liebevoll, aber ohne Begehrlichkeit, eher wie ein Vater von seinen Töchtern erzählt.
Die Mädchen sind »am Fuße der hohen Bergmassive in der Mitte Frankreichs, am Ufer von Bächen und Gebirgsflüssen« aufgewachsen – »das Wasser strömte sogar unter ihrem elterlichen Haus durch, an dem sich ein

Mühlrad drehte« – und hatten in ihrer Art und Sprache etwas von der Natur dieser Landschaft bewahrt.

»Oh, dieser kleine dunkle Teufel, mit Haaren wie pechschwarze Häherfedern«, sagt Céleste bei einer ihrer Morgenvisiten zum Erzähler und fährt fort: »wie schlau und wie boshaft er ist! Ich weiß nicht, woran Ihre Mutter gedacht hat, als sie Sie unter dem Herzen trug, denn Sie haben alles von einem Vogel an sich. Schau nur, Marie, sieht er nicht genauso aus, als ob er sich die Federn glattstreicht? Und wie flink er den Hals wenden kann! Er sieht so leicht aus, daß man meint, er lerne gerade fliegen. Ach! Sie haben Glück, daß Sie sich Ihre Eltern unter den Reichen haben aussuchen dürfen; was wäre sonst aus Ihnen geworden, wo Sie doch so verschwenderisch sind? Da wirft er jetzt sein Hörnchen fort, weil es das Bett berührt hat. Hoppla, jetzt vergießt er auch noch seine Milch, warten Sie nur, damit ich Ihnen eine Serviette umbinde, Sie wissen ja doch nicht, wie man das macht; niemals habe ich jemand gesehen, der so dumm und so ungeschickt ist wie Sie.«

Was der Leser hier sieht und hört, hat nichts mit dem Hotel in Balbec zu tun. Unvermittelt und plötzlich wird ihm ein Interieur aus dem Zimmer in Paris geboten, in dem Marcel Proust einen großen Teil seines Lebens – liegend – damit verbringt, den Roman zu schreiben, den wir lesen.

Céleste Albaret – sie hieß tatsächlich so – war angestellt, um ihn zu pflegen und zu hüten. Das Buch, *Monsieur Proust*, das sie lange nach seinem Tod veröffentlichte, ist so rührend wie informativ. Die wiedergegebenen Repli-

ken sind authentische Bruchstücke aus ihrer Konversation mit ihrem Herrn. Sie sind so frisch, als drehe sich das Wasserrad unter ihren Röcken.
Die Szene im Hotelzimmer ist intime Autobiographie, mit Repliken, ausgewählt aus lichten Zeiten. Und Célestes tyrannischer Herr ist in eine graziöse, vogelähnliche Gestalt aus einer antiken Sage verwandelt. Das Bild des Mannes im Bett, hilflos, aber gehegt und gepflegt, komplettiert die vielen Memoirenbilder von Proust im gesellschaftlichen Leben. Wer seinen Roman liest, wird sich dort an ihn erinnern.
Hier läßt Proust auch sein eigenes schwarzes Haar zum Vorschein kommen, obwohl an einer anderen Stelle steht, der Erzähler sei blond. Hätte ihn jemand auf diesen Widerspruch hingewiesen, er hätte vermutlich gelacht wie über einen guten Witz.
Proust konnte der Versuchung nicht widerstehen, den wortsprühenden Abschnitt über Céleste an das Kleid seines Romans zu nähen. Dann verschwindet Céleste (auch wenn ihr Name ein paarmal nebenbei auftaucht). Es gibt viele ähnliche Applikationen.
Ein andermal kann sich der Erzähler nicht an den Namen einer Dame erinnern, der er auf einem der vielen Feste in der vornehmen Gesellschaft des Romans begegnet. Er prüft vergebens Buchstaben in seinem Gedächtnis und schreibt, daß wir in solchen Fällen in einem Übergangsland zwischen Vergessen und Erinnerung nach dem Namen tasten und im Halbdunkel Fragmente zu sehen meinen, die ähnlich, aber nicht das richtige sind. »Im übrigen ist diese Arbeit des Geistes, der vom

Nichts zur Wirklichkeit vorschreitet, so geheimnisvoll, daß dennoch möglicherweise diese falschen Konsonanten im voraus und ungeschickt ausgestreckte Ruten sind, die uns helfen sollen, den genauen Namen schließlich aufzufischen.«

So weit im Text gekommen, läßt Proust einen fiktiven Leser sich einschalten: »Da Sie sich nun doch schon so lange verweilt haben, werden Sie gestatten, geschätzter Autor, daß wir Ihnen noch eine weitere Minute rauben und Ihnen sagen, wie beklagenswert es ist, daß Sie, so jung wie Sie damals noch waren (oder Ihr Held, wenn Sie es schon nicht selber sind), bereits ein so schlechtes Gedächtnis hatten, daß Sie sich an den Namen einer Dame nicht zu erinnern vermochten, die Sie sehr gut kannten.«

Hier tritt Proust mit einer kleinen Pirouette – »wenn Sie es schon nicht selber sind« – als identisch mit dem Erzähler auf. Ein weiterer angehefteter Flicken.

MADAME VERDURIN

Im Salon der Herzogin herrschen Herkunft und Witz. Im Kreis der Verdurins, dem kleinen, treuen, stehen Kunst und Gefühl am höchsten. Die Verdurins steigen von bürgerlicher Unauffälligkeit zu Beginn des Romans zu den höchsten Höhen der Gesellschaft auf. Das hat seine historische Entsprechung, denn in dieser Periode überholen die glamourösen Künstler die Aristokraten, was Ruhm und Geld betrifft, und strahlen in den Gesellschaftsspalten der Medien in königlichem Picassoglanz.

Madame Verdurin verbirgt, wenn sie Musik hört, das Gesicht in den Händen, damit niemand sieht, daß ihr Tränen der Rührung aus den Augen strömen. Der Verdacht, daß sie in Wirklichkeit schläft, läßt sich nicht ausschließen. Im Kreis herrscht die Überzeugung, sie sei ein edles Opfer starker Gefühle. Wenn ein nahestehender Mensch stirbt, müsse man sie vor jeder Erwähnung des Toten schützen, meint Professor Cottard, einer der Getreuen bei ihren Mittwochsessen. Andernfalls könne sie von ihrem Schmerz überwältigt werden. Die Wahrheit ist, daß sie kalt ist wie Eis und sofort jede Person abschreibt, die ihren Salon nicht länger schmücken kann. Sie ist eine Heuchlerin, die sich leicht mit Tartuffe messen kann, und ist vielleicht als weibliches Gegenstück zu ihm gemeint.

Als sie älter wird, ist sie von einem unangenehmen Duft umgeben, denn ihr Arzt hat ihr Rhinogomenol-Nasentropfen verschrieben. Sie hat nämlich behauptet, sie müsse besonders bei Vinteuils Musik fortwährend weinen, so daß ihr die Schleimhaut anschwelle und sie hinterher einen fürchterlichen Schnupfen bekomme und aussehe wie eine alte Säuferin. Wenn sie sich mit den Tropfen die Nase einfette, könne sie jederzeit weinen, ohne Risiko.

Der Duft hat ebenso wie die Halbblindheit des hochgelehrten Historikers Brichot eine allegorische Funktion. Er entströmt Madame Verdurin auf die gleiche Weise, wie sich die Schlange aus dem Mund der Invidia in Giottos Bilderreihe in Padua ringelt, von der ich im Kapitel »Das Küchenmädchen und die Liebe« sprach.

Um Madame Verdurin stinkt es so, daß jeder Mensch zurückweicht. Sie ist zu einem von Giottos *Lastern* geworden, geschmückt mit einem Symbol, dessen Bedeutung sie nicht begreift. Proust erwähnt natürlich nichts davon. Das wäre im Widerspruch zu seiner Methode.

Als Swann im Kreis noch neu ist und sich eines Tages eingehend über die Bedeutung des kleinen Themas in Vinteuils Sonate äußert, erwidert Madame Verdurin: »Was Sie nicht sagen, das ist ja amüsant. Ich habe nie darauf achtgegeben: ich muß Ihnen auch gestehen, ich selbst lege keinen Wert darauf, mich in solche Spitzfindigkeiten zu verlieren; wir verlieren hier unsere Zeit nicht mit Haarspaltereien, das ist nicht der Stil des Hauses.«

Swann weiß, daß der Weg zum Verständnis eines Kunstwerks über die Details führt. Madame Verdurin ist ein Vielfraß am Tisch der Kunst. Seit sie Prousts Hirn entstiegen ist, ist ihre Symbolkraft nur noch gewachsen.

Doch Proust verläßt keine der Gestalten, die er schildert, ganz und gar. Eines Tages zeigt Madame Verdurin dem Erzähler ein Blumengemälde von Elstir. Er hat als junger Mann zum Kreis gehört, ist aber ausgebrochen. Frau Verdurins Augen leuchten in liebevoller Einfühlung, als sie »auf üppige, prachtvolle Rosen wies, die Elstir gemalt hatte, Rosen, deren saftiger Scharlachton und schaumige Weiße sich fast zu plastisch und flaumig über der Blumenschale abhoben, in der sie standen«. Sie liebt sie wirklich, und die Heuchlerin in ihr stirbt.

Gleich darauf aber beraubt sie der Erzähler des versöhnenden Lichts. Madame Verdurin teilt mit, sie sei es gewesen, die die Rosen *ausgewählt*, in der Schale arrangiert und vor dem Künstler aufgestellt habe, und daher betrachtet sie sich als Mitschöpfer des Gemäldes.

Proust legt so großes Gewicht auf diese Episode, daß er sie in der Parodie auf das Tagebuch der Gebrüder Goncourt wiederkehren läßt, die er in die letzte Romanabteilung eingefügt hat. Edmond de Goncourt, der Überlebende der Brüder, geht zum Diner bei Verdurin. Beim Heimkommen vertraut er seinem Tagebuch an, Frau Verdurin habe bei Tisch mit einem zornigen Zurückwerfen des Kopfes von Elstirs Blumengemälden gesprochen. »Ich habe ihm beigebracht, wie man Blumen anordnet, zu Anfang kam er gar nicht damit zurecht. Er brachte niemals einen Strauß zustande. Von Natur hatte er bei der Auswahl keinen Geschmack, ich erst mußte ihm sagen: ›Nein, malen Sie das nicht, das lohnt sich nicht, malen Sie lieber das.‹« Und der Erzähler läßt Edmond de Goncourt, den großen Repräsentanten des Naturalismus, mit Sympathie der erzürnten Dame lauschen. Er scheint gewillt zu sein, ihr einen Platz an der Seite des Künstlers zuzugestehen.

Madame Verdurin und Elstirs Rosen variieren ein Thema, das im Roman oft auftaucht. Edmond de Goncourt hat die Position zu vertreten, daß das Motiv mit dem Kunstwerk gleichgestellt werden könne. Proust fürchtet, sein Roman könne an den geistig dürftigen Verhältnissen gemessen werden, die er schildert. »Das Genie besteht«, sagt der Erzähler im Zusammenhang mit Bergottes Kunst, »in solcher Kraft des Zurückstrahlens und nicht in der Qualität, die dem widergespiegelten Geschehen von sich aus innewohnt.« Madame Verdurin hat nicht begriffen, daß Elstir die Rosen in sein Inneres versetzt hatte und daß die Rosen, die er malte, von einer ganz neuen Art waren, die niemand zuvor gesehen hat.

Während des Weltkriegs, zeigt der Erzähler, wächst sich Madame Verdurin zum patriotischen Monster aus. Sie tritt auf als gefühlsgeladene Priesterin kriegerischer Einäugigkeit. Sie weiß »das Vaterland« zu benutzen wie früher die Kunst und die Dreyfus-Affäre, um gesellschaftlich aufzusteigen. Sie wird zum Gegenpol von Baron von Charlus, der sinkt, während sie aufsteigt. Auf der moralischen Ebene sind die Gewichte umgekehrt verteilt.

Im Krieg, sagt der Erzähler, dachte man in Verdurins Salon an die Hekatomben vernichteter Regimenter und von den Fluten verschlungener Passagiere; »aber eine jeweils entgegengesetzte Operation vervielfältigt in einem solchen Maße das, was unser eigenes Wohlsein betrifft, und dividiert andererseits durch eine so ungeheure Zahl, was nichts mit ihm zu tun hat, daß der Tod von Millionen Unbekannten kaum und beinahe weniger unangenehm als ein Luftzug unsere seelische Epidermis berührt«.

Madame Verdurin litt an Migräne, weil sie des Krieges wegen keine Croissants für ihren Café au lait mehr kaufen konnte. Es gelang ihr, Professor Cottard dazu zu bewegen, ihr ein Rezept für Croissants auszustellen. »Ihr erstes Hörnchen«, heißt es, »nahm sie an dem Morgen wieder zu sich, an dem die Zeitungen über den Untergang der ›Lusitania‹ berichteten. Während sie nun das Hörnchen in den Milchkaffee tauchte und ihrer Zeitung kleine Stupse gab, damit sie sie aufgeschlagen halten konnte, ohne zum Umblättern die mit dem Eintauchen beschäftigte Hand zu benutzen, sagte sie: ›Wie grauenhaft! Das ist ja fürchterlicher als die entsetzlichsten Tragödien.‹ Aber der Tod aller dieser Ertrunkenen mußte ihr wohl doch auf ein Milliardstel seiner Größe reduziert erscheinen, denn während sie mit vollem Mund diese trostlosen Überlegungen anstellte, war der Ausdruck, der auf ihrem Gesicht lag und wahrscheinlich durch den Wohlgeschmack des Gebäcks darauf hervorgerufen wurde, das ihr so unschätzbare Dienste bei ihrer Migräne leistete, eher der eines sanften Behagens.«

Die Szene ist ein lehrreiches Beispiel dafür, wie Proust arbeitet. Er lebte hauptsächlich von Café au lait und Croissants, und im Zusammenhang mit diesen Croissants hatte sich, wie seine Haushälterin Céleste Albaret berichtet, ein Ritual entwickelt. Madame Verdurins Hörnchenknabbern geht via Proust im Bett in dem korkverkleideten Zimmer in die Welt hinaus, und jeder von uns erkennt sich wieder.

In der letzten Abteilung des Romans wird Madame Verdurin zur Prinzessin von Guermantes. Die Heirat mit dem Prinzen, Cousin des Herzogs, bedeutet, daß Geburt und Kunst sich vereinigen, ebenso wie die beiden Spazierwege in Combray. In ihren Salon kehrt der Erzähler nach langer Abwesenheit von Paris zurück. Dort versammeln sich beinahe alle Menschen, die seinen Roman gefüllt haben.

Sie sind alt geworden, und der Erzähler unterhält sich damit, den Empfang als eine Maskerade zu schildern, auf der sich die Teilnehmer als alte Leute verkleidet haben. Sie sind zu Virtuosen der Verkleidungskunst geworden, die sie so weit getrieben haben, daß es ihnen gelungen ist, ihre Persönlichkeit total zu verändern.

Eben noch schwarze Haare sind weiß geworden, eben noch feste Hände zittern, ein eben noch federnder Gang hat sich in ein lächerliches Stolpern verwandelt. Vielleicht liegt hinter der Schilderung dieser unfreiwilligen Maskeradengäste Mitgefühl mit der Angst des Alters. Falls ja, ist es versteckt. Es scheint, als hätten der Erzähler und Proust ihre ganze Zärtlichkeit einem alten Menschen gegenüber bei der Schilderung der Großmutter verbraucht. Oder nimmt er jetzt Rache für die Demütigungen, die er im Kreis hat ertragen müssen?

Proust findet einen unheimlichen Genuß an der Erniedrigung des Alters, und als die Königin der Erniedrigten thront dort Madame Verdurin, einem giftigen Insekt ähnlicher als einem Menschen.

Madame Verdurin ist ein böser Mensch. Sie steht außerhalb der schöpferischen Sphäre und wird von unbewußtem Neid verwandelt und verhext wie der Zwerg bei Pär Lagerkvist. Überhaupt tritt das Böse bei Proust eher als die Abwesenheit von etwas denn als wirkende Kraft auf.

Die Lektüre von Marcel Proust erschüttert den Leser nicht auf die gleiche Weise wie *Pater Sergius* bei Tolstoi oder Dostojewskis *Verbrechen und Strafe* oder Strindbergs Ehedramen. Das Böse dringt nicht wie Fäulnis in die Tiefe der Seele ein, sondern bleibt an der Oberfläche. Die Bösen bei Proust sind ausgeschlossen, die Herzogin von der Liebe, der Baron von einer wirklichen Gemeinschaft mit dem, den er liebt, Madame Verdurin von der Kunst, die angeblich ihr Leben ist. Außer sich vor Neid stürzen diese Menschen auf das Licht im schöpferischen Atelier zu, werden aber aufgehalten von ihrer Unfähigkeit, selbstlos zu betrachten und zu verstehen.

Madame Verdurin hat kaum einen Tropfen des kostbaren Blutes abbekommen, das Odysseus in der Unterwelt verteilt hat. Darum betrachtet sie der Leser mit Grauen.

ALBERTINE

1

Es gibt mehrere Liebespaare im Roman, doch sieht man näher hin, reduzieren sie sich auf ein einziges. Der Erzähler liebt Albertine, wie Swann Odette liebt und Baron von Charlus Morel. Der Liebende ist aktiv und entflammt. Die/Der Geliebte ist kalt und niedrig gesinnt und hat daher die Oberhand. Mit einer solchen Rollenverteilung wird die Liebe zur Torheit.

Der Erzähler begegnet Albertine zum erstenmal in Balbec, in dem Sommer, als die Großmutter ihn begleitet. Albertine gehört zu einer Gruppe junger Frauen, die er am Strand sieht. Sie treten mit Fahrrad, Tennisracket und Golfschlägern auf. Albertine trägt eine Polomütze, die sie von den übrigen unterscheidet. Die Mädchen wirken hart und gefühllos, sagt der Erzähler. Eines von ihnen macht einen herzlosen Sprung über einen alten Mann auf der Strandpromenade. Oberklassenjugend, mit anderen Worten, nicht ohne Frechheit.

Der Erzähler, ein verhätschelter Junge aus guter Familie mit erotischen Tagträumen als Spezialität, findet hier ein Ziel für seine Phantasien. Als er von dieser Episode erzählt, ist er älter und reifer. Er ist seiner Lehrlingsbeziehung zu Swann-Ruskin entwachsen und selber zum Meister geworden. Sein jüngeres Ich sieht die Mädchen als Teile eines bezaubernden, aber auch gefährlichen Kollektivs am Strand des blauen Meeres. Sie sind Möwen in einem Schwarm, Rosen in einer Hecke, blumengeschmückte, glücklich dahinstürmende Wesen in einem antiken Fries oder auf einem mittelalterlichen Freskogemälde. Sie erscheinen in seiner Einbildung als ein einziges Wesen. Beine, Hälse, Locken, Hüften sind austauschbar. Wen von ihnen man liebt, ist Zufall. Die Hingerissenheit des Erzählers ist eine Liebe in der erotischen Eröffnungslandschaft, wo alle Frauen verlokkend sind, weil unnahbar.

Es ist Albertine, die mit der Polomütze, die sich von den anderen absondert und seine Geliebte wird. Die Liebe des Erzählers zur Herzogin war eine Anbetung aus der Distanz. Jetzt rückt er dem Gegenstand seines Begehrens näher auf den Leib.

Er wird Albertine in Elstirs Atelier vorgestellt. Dort sieht er ein Porträt, das der Maler aus Rücksicht auf seine Frau zur Wand gedreht hat. Es stellt Odette als sehr junge Frau dar. Elstir hat wie alle anderen Männer im Roman ein Verhältnis mit ihr gehabt.

Unter dem Porträt steht »Miss Sacripant«. Dies ist der Titel einer komischen Oper aus den sechziger Jahren des 19. Jahrhunderts, in der der Held als Frau verkleidet auftritt. Odette ist im Herrenjackett und mit einem melonenhutähnlichen Kopftuch über kurzem lockigem Haar gemalt. »Wenn man die Linien des Gesichts verfolgte, schien es, als sei das Geschlecht der dargestellten Person schon halb bereit, sich als das eines etwas bubenhaften Mädchens zu enthüllen, dann aber schwand der Eindruck wieder, kehrte zurück, legte nun jedoch eher die Vorstellung von einem träumerischen, effemi-

nierten und verderbten Epheben nahe, entzog sich, wurde ungreifbar.«
Der Erzähler zweifelt beim Betrachten des Porträts am Geschlecht des Modells. Das ist ein Wink für den Leser. Aufgepaßt! Nun soll eine neue Variante vom Porträt eines Helden, verkleidet in eine Frau, enthüllt werden – Albertine. Als Proust mit Worten das Miss-Sacripant-Gemälde malt, kann er sich hinter Elstir verstecken. Mit Albertine muß er vorsichtiger sein, damit der Leser nicht den Verdacht schöpft, der Erzähler stelle einen Mann in Frauenkleidern vor uns hin.
Im Leben des Erzählers ist dieser Sommer auch deshalb wichtig, weil er Freundschaft mit dem Marquis von Saint-Loup schließt, Neffe des Herzogs von Guermantes. Kein Proust-Kenner mit Selbstachtung versäumt, darauf hinzuweisen, daß Saint-Loup denselben Vornamen hat wie Prousts Bruder, Robert Proust, und daß loup (Wolf) der Kosename ist, den Prousts Mama für ihre Jungen benutzte: »mein kleiner Wolf«, »mein armer Wolf«. Saint-Loup dürfte daher unser gewissenhaftes Studium verdienen.
Der Marquis ist, als wir ihm zum erstenmal begegnen, mit allen denkbaren Tugenden eines jungen Aristokraten ausgestattet. Seine einzigartige Schönheit bewirkte, heißt es, daß ihn manche »effeminiert« fanden, eines der Worte, die im Zusammenhang mit Odettes Porträt gefallen sind. Seine Augen haben die Farbe des Meeres. Saint-Loup ist Albertine in einem anderen Kostüm und als Mann, noch eine Miss Sacripant. Der Marquis und Albertine sind dieselbe Person.

2

Der Erzähler wird in die Gruppe der Mädchen aufgenommen. Er spielt Gesellschaftsspiele mit ihnen – man ahnt Nausikaa in der *Odyssee* im Hintergrund, obwohl der löwengleiche Odysseus durch einen bleichen Epheben, den Erzähler, ersetzt ist. Er nimmt an den Ausflügen der Mädchen teil und wird mit Albertine mehr und mehr intim. Er drängt zu ihr hin, bald leidenschaftlich engagiert, bald zweifelnd und zaudernd. Da geschieht etwas Unerwartetes und Entsetzliches.

Die beiden Liebenden fahren eines Tages zusammen in dem kleinen Balbec-Zug, der, gemütlich seinen Steinkohlerauch puffend, durch einen größeren Teil des Romans rollt und ihn an das noch junge Eisenbahnzeitalter bindet. Das Gespräch kommt auf den Komponisten Vinteuil.

Da Vinteuil im Roman dazu ausersehen ist, neben Baron von Charlus mehr als irgendein anderer ein heimliches Porträt Prousts zu sein, hat er ihn unter die Bewohner von Combray eingereiht. Er hat in der kleinen Stadt als Klavierlehrer gearbeitet. Vinteuil in Combray wird als ein linkisch schüchterner Mensch geschildert, leicht verachtet von seiner Umgebung. Scheu und anspruchslos, äußerst prüde, lebt er, seit seine Frau gestorben ist, mit seiner einzigen Tochter, dem sommersprossigen Mädchen also, das während der Marienandacht in der Kirche Saint-Hilaire neben dem Erzähler gesessen hat.

Vinteuil hat den Großtanten des Erzählers Klavierunterricht gegeben, und diese machen ihm Besuche in seiner

Villa Montjouvain ganz in der Nähe von Swanns Besitz Tansonville.

Jedesmal, wenn die Familie des Erzählers zu ihm zu Besuch kommt, stellt er seinen Notenständer auf, in der Hoffnung, man werde ihn bitten, eine seiner Kompositionen zu spielen. Und jedesmal, wenn die Gäste eingetroffen sind, wiederholt er mit verwirrter Miene, er begreife nicht, wie der Notenständer dorthin gekommen sei, und stellt ihn eilig wieder weg. Er ist krankhaft ängstlich, jemanden zu langweilen, und er fürchtet, seine Gäste könnten ihn aus Höflichkeit und nicht aus echtem Interesse bitten zu spielen. Diesen Gedanken erträgt sein stolzes Wesen nicht. Ein Dilemma, vor das noch nicht anerkannte Genies gestellt werden.

Vinteuil stirbt, und erst jetzt beginnt die Zeit seines Ruhms. Seine Tochter wohnt noch in der Villa. Eines Tages, da ist der Erzähler vielleicht fünfzehn, nimmt er sich vor, allein nach Montjouvain zu wandern. Er erwähnt, daß er sich danach sehnte zu sehen, wie sich das Ziegeldach im Teich am Haus spiegelte.

Der Erzähler nimmt in einem Gebüsch vor dem Fenster des Zimmers Platz, in dem Vinteuil gewohnt und gespielt hat. Die Tochter ist jetzt dort eingezogen. Der Leser des Romans denkt – das Ziegeldach in allen Ehren, aber vielleicht möchte er die junge Frau ausspionieren.

Er schläft nun ein, und als er aufwacht, wird er Zeuge einer Liebesszene zwischen Fräulein Vinteuil und ihrer Freundin. Das ist eine Beischlafschilderung, ausgeführt mit virtuosen Mitteln. Rasche Bewegungen, Küsse,

Liebkosungen werden mit kleinen Wollustschreien gemischt.

Die Tochter hat, als sie draußen den Wagen ihrer Freundin hörte, das Porträt ihres toten Vaters an einer sichtbaren Stelle aufgestellt. Mitten in der Liebesszene schlägt sie der Freundin vor, sie sollten das Porträt anspucken. Diese töchterliche Lästerung steigert ihren Genuß, beraubt aber, durch die Schamgefühle, die sie einflößt, die Szene zugleich ihrer Anmut.

Der Leser weiß, daß Vinteuil seine Tochter geliebt und auf jede Weise versucht hat, sie vor der Schlechtigkeit der Welt zu schützen. Vielleicht ahnte er ihre Veranlagung, und es wird angedeutet, daß sein Tod damit zusammenhing.

Als nun der Erzähler und Albertine im Zug auf das Thema Vinteuil kommen, sagt der Erzähler etwas überlegen und boshaft, *ihn* kenne »Mein liebes Kind« wohl nicht. Sofort wird er für seinen Hochmut gestraft. Albertine, für deren schlechten Musikgeschmack wir zuvor Beispiele gesehen haben, ist beleidigt und sagt:

»Du weißt gar nicht, was für einen Riesenspaß du mir machst«, und sie erzählt, sie kenne Vinteuils Tochter und deren Freundin sehr, sehr gut. »Ich nenne die zwei niemals anders als meine beiden großen Schwestern«, fährt sie stolz und ärgerlich fort und versichert dem Erzähler, sie hätte ihm viele interessante Informationen geben können.

Albertines Worte, heißt es, versetzen dem Erzähler einen »furchtbaren Streich, mit dem sie uns für immer verwundet«. Ein Bild aus der Vergangenheit steigt auf. Er hat nicht geahnt, daß es verderbenbringende Macht besitzt.

Er erklärt, seine Erregung beruhe darauf, daß sein Verdacht hinsichtlich Albertines sexueller Veranlagung nun bestätigt ist. Als Freundin von Fräulein Vinteuil muß sie lesbisch sein.

Doch offenbar ist seine Absicht eine andere. Das Bild von dem, was er damals durch das Fenster sah, war in ihm, heißt es, »lebendig aufgespart – wie Orest, dessen Tod die Götter verhindert hatten, damit er am vorbestimmten Tag in die Heimat käme und den Mord des Agamemnon rächte – erschien es zu meiner Marter, zu meiner Züchtigung, wer weiß? Weil ich meine Großmutter hatte sterben lassen, mit einem Male aufsteigend aus den Tiefen der Nacht, in der es auf ewig begraben schien, um nun wie ein Rächer zuzuschlagen, in mir ein furchtbares Leben, ein verdientes neues Dasein einzuleiten, vielleicht auch um vor meinen Augen die unseligen Folgen grell aufleuchten zu lassen, welche schlechte Taten immer fortzeugend gebären, nicht nur für die, die sie begangen haben, sondern auch für die, welche einzig meinten, einem merkwürdigen, unterhaltenden Schauspiel beizuwohnen, wie leider ich an jenem fernen, zur Neige gehenden Tag in Montjouvain, an dem ich, verborgen hinter einem Gebüsch (...) in gefahrvoller Weise in mir die verhängnisvolle, zum Leiden vorbestimmte Straße des Wissens sich hatte verbreitern lassen. Gleichzeitig aber schuf mein größter Schmerz in mir ein fast hochmütiges, nahezu freudiges Gefühl, das Gefühl eines Menschen, der durch den Streich, den er empfangen hat, derart emporgeschnellt worden ist, wie er es durch eigenes Bemühen niemals hätte erreichen können.«

Warum taucht Orest auf, als sich der Erzähler an Montjouvain erinnert? Weil Orest seine eigene Mutter getötet hat, ebenso wie Fräulein Vinteuil ihren Vater! Warum fragt sich der Erzähler in diesem erregten Augenblick, ob er den Tod seiner Großmutter verursacht hat – und Großmutter steht hier wie im ganzen Roman für Mutter? Weil er, der Erzähler, der Mutter gegenüber Schuld empfindet und weil hinter dem Erzähler Proust steht, dessen Mutter wie Vinteuil vielleicht die Wahrheit über ihn ahnte. Vinteuils Beziehung zu seiner überbeschützten Tochter ist ja ein Spiegelbild von Mutter und Sohn im Heim des Erzählers.

Warum sagt der Erzähler, auch der, der nur *Zeuge* einer schlechten Tat geworden sei, habe diese zu verantworten? Schon in Prousts erstem veröffentlichten Buch, *Freuden und Tage*, bekommt eine Mutter einen Schlaganfall und stirbt, als sie durch ein Fenster Zeugin wird, wie sich ihre vermeintlich *reine* Tochter einem Mann hingibt.

Gibt es nicht hinter dem Erzähler vor dem Fenster damals in Montjouvain ein anderes Bild, eine Mutter, die ihren Sohn in den Armen eines Liebhabers sieht, und dieser Sohn ist Proust selbst? Die Szene ist ein zu deutendes Bilderrätsel.

Der Erzähler spuckt das Porträt seiner Mutter nicht an. Im Gegenteil schildert er sie zärtlich als die personifizierte Selbstlosigkeit. Der ganze Roman aber, den er schreibt, ist durch die Kühnheit, mit der er in von ihr verleugnete Welten eindringt, eine Lästerung. Er konnte erst geschrieben werden, als sie gestorben war, und vielleicht hat er sich gefragt, ob er sie getötet hat, um sein künstlerisches Ziel erreichen zu können.

Die Worte auf diesen Seiten sind erfüllt von einem Schmerz, der durch das Zufällige und Persönliche hindurchdringt. Orest war gezwungen, seine Mutter zu ermorden, weil sie den Vater ermordet hatte. Doch der Zwang war eine heilige Pflicht, ebenso wie es für Proust eine Pflicht war, sein Leben den Worten und der Gestaltung seines Lebens zu widmen und so seiner Mutter ins Gesicht zu »spucken«.

Horace Engdahl schreibt von Blanchot, dieser mache in seiner Kritik die »Einsamkeit« des Werkes geltend, seine Abgeschnittenheit von jedem konkreten Lebenszusammenhang. Worauf er, Blanchot, »hinaus will, läßt sich mit einer waghalsigen Simplifizierung als die ›Erfahrung‹ des Werkes bezeichnen – etwas, das erst im Schaffensprozeß selbst existiert und nicht mit den privaten Erlebnissen des Autors verwechselt werden darf«.

Der Leser wird in ein Mysterium gestürzt, in dem die Eifersucht sehr wohl eine treibende Kraft ist, doch die eigentliche Handlung findet auf einer anderen Ebene statt. Proust bedient sich eines bemerkenswerten Bildes. Der Zirkusartist springt durch das auf einen Reifen gespannte Papier. Es sieht aus, als treffe er auf eine Wand aus Beton, doch er fliegt geradewegs hindurch und landet in einer anderen Wirklichkeit. Zu einem solchen Sprung kommt es im Text.

3

Das Gespräch – oder soll ich sagen, der Auftritt – im Zug hat unmittelbare praktische Konsequenzen. Der Erzähler beschließt, Albertine nach Paris mitzunehmen und sie dort in seinem Elternhaus zur Gefangenen zu machen. Die fünfte Abteilung des Romans, *Die Gefangene*, beginnt.

Betrachtet man die Liebeserzählung, die folgt, aus einer realistischen Perspektive, wird sie unwahrscheinlich, um nicht zu sagen lächerlich. Es ist undenkbar, daß ein Mädchen aus guter Familie in dieser Zeit bei ihrem Geliebten einziehen könnte, ohne sich die Zukunft zu ruinieren. Albertine wird darüber hinaus in die Wohnung eingesperrt wie eine Sklavin – *Tausendundeine Nacht* zum hundertsten Mal – und vor Besuchern versteckt. Am Tag darf sie Ausflüge machen, wird aber bewacht von ihrer Freundin Andrée und einem Chauffeur, die Berichte abliefern wie gedungene Spione. Albertine bekommt schöne, kostbare Kleider, wird aber nicht ins gesellschaftliche Leben geführt – also wie in einem Harem. Schämt sich ihr Geliebter ihrer?

Es heißt, Albertine verhalte sich in der Wohnung wie ein Hund oder eine Katze. Sie geht, ohne zu zögern, durch jede offene Tür. Sie legt sich auf das Bett des Erzählers, aber nicht, um zur Wollust einzuladen, sondern eher wie ein Welpe, der einen bequemen Platz zum Schlafen sucht. Doch sie wird von ihrem Liebhaber nicht nur wahrgenommen wie ein Hund, sondern auch wie ein solcher behandelt. Sie muß lernen, dem Stundenplan des Hauses bis ins kleinste Detail zu folgen und die Schlafenszeiten des Erzählers zu respektieren, als wären sie ebenso heilig, wie es die Marcel Prousts für seine Mutter waren. Gehorcht sie nicht, wird sie von Françoise zur Ordnung gerufen – diese verabscheut sie und nennt sie eine Schmeichlerin und Komödiantin.

Irgend etwas stimmt nicht. Wir wissen, daß es in Prousts Haushalt einen Mann in dienender Stellung gab. Wir wissen seinen Namen und daß Proust behauptete, ihn zu lieben. Unzweifelhaft schieben sich Bilder aus dieser Beziehung in das Liebesleben des Erzählers mit Albertine hinein. Aber wir sollten, wir *müssen* Albertine als Frau akzeptieren, denn diese Rolle hat sie im Roman. Ihr Rätsel ist nicht, daß sie für einen Mann steht, schreibt Sigbrit Swahn in seinem guten Proust-Buch, sondern daß sie in ihren Rollen zweideutig ist. Das gilt für viele im Roman, nicht zuletzt für Saint-Loup, Albertines männlichen Zwilling, der zwischen Edelmann und intrigantem Bediensteten schwankt.

Albertine bleibt uns verschlossen. Ob sie ihren Gefängniswärter liebt oder nicht, wird uns nicht mitgeteilt. Als Persönlichkeit hat sie keinen Zusammenhang, und bald werden Dinge über sie enthüllt werden, die ganz unglaublich sind.

Doch Wahrscheinlichkeit und Logik in der Personenzeichnung sind Proust gleichgültig, weil er sich nicht für Menschen als *Individuen* interessiert, sondern nur für die Beziehungen zwischen ihnen, für Gefühle, die zu uns allen gehören und keine Persönlichkeit erfordern, um zu wachsen und sich zu entwickeln.

Nehmen wir eine Episode aus dem Zusammenleben der beiden Liebenden. Eine Mißstimmung entsteht zwischen ihnen, und der Erzähler merkt, wie die Stimmen seiner Mutter und seiner Großmutter sich in seinen Tonfall einschleichen. Albertines Gutenachtkuß an diesem Abend, »in dem nichts von ihr selber lag und der mich innerlich nicht bewegte«, läßt ihn in seinem Zimmer so erregt zurück wie damals in Combray seine Mutter, wenn sie ihn verlassen hatte, ohne ihn mit ihrem Kuß zu beruhigen.

Er springt aus dem Bett und geht vor ihrer geschlossenen Tür auf und ab, in der Hoffnung, sie werde herauskommen und nach ihm rufen. Er steht bewegungslos davor, frierend. Er kehrt für einen Augenblick durch den langen Korridor in sein eigenes Zimmer zurück, um nachzusehen, ob sie nicht etwas vergessen hat, ein Taschentuch, ein Täschchen, irgend etwas, was er zum Anlaß nehmen könnte, zu ihr hineinzugehen. Das Licht im Spalt unter ihrer Tür erlischt schließlich, und er muß die Hoffnung aufgeben. Dann weint er den Rest der Nacht.

Die Darstellung ist halb halluzinatorisch. Die Mutter und ihr Junge in Combray schieben sich in das Spannungsfeld zwischen dem Liebhaber und seiner Geliebten in der Wohnung in Paris. Zwischen den beiden Szenen entspringt eine dritte, die sich weder in Paris noch in Combray befindet, sondern in der Zeitlosigkeit.

4

Das tragende Element in der Beziehung des Erzählers mit Albertine ist tatsächlich oder angeblich Eifersucht. Man liebt nur, was einem nicht ganz gehört, hatte Swann in seiner Liebe zu Odette lernen müssen. Jetzt ist der Erzähler an der Reihe.

Als der Erzähler sich Albertines Liebe sicher fühlt – um dies zu erreichen, hat er sie ja eingesperrt –, wird sie ihm sofort gleichgültig. Als er sie der Untreue verdächtigt, erwacht seine Eifersucht und damit die Liebe.

Der Erzähler benutzt wie in jedem ernsten Zusammenhang ein lyrisches Bild, um sich verständlich zu machen. Wenn der Verdacht, Albertine könne untreu sein, in seiner Brust erwacht, ist ihm, als breite sie Flügel aus, die sie hinreißend schön machen. Bei diesem Anblick erwacht die Liebe in ihm, und kein Opfer scheint ihm zu groß, um sie zurückzulocken.

Er denkt sich tausend listige Pläne aus, um sie an den vermuteten Seitensprüngen zu hindern. Er knüpft mit Hilfe gedungener Spione ein feinmaschiges Netz um sie, argwöhnt jedoch ständig, es sei ihr trotz aller Vorsichtsmaßnahmen gelungen zu entkommen. Wenn er aber schließlich für einen Augenblick beruhigt ist und sie zu Hause in sicherer Verwahrung hat, bedeutet das kein Glück, nur Linderung des Schmerzes. Die Liebe existiert bei ihm nur in der Eifersucht und hat zur Voraussetzung, daß die Geliebte ihre hinreißenden Abschiedsflügel ausbreitet. Der Schmerz, den er dann empfindet, ist die lebenspendende Kraft im Leben des Erzählers.

Wer von der Liebe des Erzählers zu Albertine liest, dem ist eigentümlich zumute. Was ist das für eine Liebe, in der es keine Gemeinschaft gibt? Keine Zärtlichkeit? Keine Ruhe im Sinnlichen? Keine Freude darüber, dem anderen Vergnügen und Befriedigung zu bereiten? Ihr Schoß wird mit zwei Muscheln verglichen, die sich in ruhevoller Abgeschlossenheit gegeneinander wölben, wie der Horizont, wenn die Sonne untergegangen ist. Ihre Brüste sind, heißt es, klein und so rund, daß sie keinen integrierenden Teil ihres Körpers zu bilden scheinen, sondern eher zwei Früchten gleichen, die daran gereift sind. Das sind Bilder, die uns ihrer Haut kaum näherbringen. Das intime Zusammenleben zwischen den beiden Liebenden ist verschleiert. Der Erzähler sieht die Geliebte schemenhaft hinter dem geriffelten Glas des Badezimmers, oder er legt sich neben sie, wenn sie schläft, und erlebt sie als ein Stück menschgewordene Natur. Kein einziges Mal wird eine normale sexuelle Gemeinschaft geschildert, aber es heißt, sie gäben sich zusammen kühnen erotischen Phantasien hin.
Hinter Albertine bewegen sich viele Frauen und viele Männer. Der Erzähler behauptet in der letzten Abteilung des Romans, daß ein Schriftsteller, der Fülle, Allgemeingültigkeit und Glaubwürdigkeit erreichen wolle, viele Vorbilder haben müsse, daß nur eine geliebte Frau als Modell nicht reiche. »Und wenn das im Rahmen der Literatur wegen der Ähnlichkeit unserer Gefühle einen Verrat an der Betreffenden darstellt, auf Grund dessen ein Werk gleichzeitig die Erinnerung an unsere vergangenen Liebeserlebnisse und die Prophezeiung weiterer,

neuer ist, so liegt in solcher Unterschiebung doch nichts so sehr Bedenkliches.«

Hinter der Liebe zu Albertine ist eine ganz andere Erzählung unsichtbar gegenwärtig, und sie hat ein religiöses Thema. Die Eifersucht kann im Blut und in der Brust des Erzählers nie gestillt werden, weil sie für eine unsinnige Forderung steht: die volle Inbesitznahme der Geliebten, die gleiche tyrannische Forderung, die der Junge seiner Mutter gegenüber empfand. Die Liebe ist nichts als Schmerz, weil der Liebende verlangt, was ihm kein Mensch auf Erden geben kann – etwas außerhalb von Zeit und Raum. Albertine, in dieser Perspektive gesehen, ist ein Symbol für das Unerreichbare. Darüber hat Samuel Beckett mit wunderbarer Einfühlung geschrieben.

5

Diejenige der vielen Albertines, die Sklavin und Haustier in der Wohnung des Erzählers war, wird – was einen nicht wundert – ihrer Gefangenschaft müde. Das lieblose Leben, zu dem sie dort gezwungen war, muß unerträglich gewesen sein. Vielleicht begriff sie trotz ihrer geringen Verstandesgaben, daß sie ausgenutzt wurde, in einem Spiel um etwas anderes. Der Erzähler wußte natürlich, daß sie eine bedeutungslose Puppe war. Eines Morgens tritt Françoise mit Triumph im Herzen bei ihrem Herrn ein, mit den Worten: »Mademoiselle Albertine ist fort!« Mit diesem Satz beginnt die Abteilung des Romans, die den Titel *Die Entflohene* trägt.

Der Liebhaber/Erzähler bleibt in der Wohnung in Paris zurück und gibt sich seiner Trauer hin. Er setzt eine verzweifelte Aktion nach der anderen in Gang, um Albertine zurückzuzwingen, und legt fette Köder aus – einen Rolls-Royce, eine Yacht. Da ereilt ihn die Nachricht, daß Albertine bei einem Ausritt vom Pferd gestürzt und auf der Stelle gestorben ist. Das kommt ungefähr so plötzlich wie in einem klassischen Theaterstück: Ein Bote trifft ein mit einer entsetzlichen Neuigkeit.

Die Eifersucht des Erzählers überlebt Albertines Tod. Das ist nicht erstaunlich, denn der Erzähler liebt die Eifersucht und nicht deren Gegenstand. Er beginnt mit einer Untersuchung ihres gemeinsamen Lebens. Er sucht den Schmerzpunkt, der selbst jetzt, wo sie tot ist, seine Worte zum Glühen bringen soll. Repliken, die er vergessen hat, kehren zurück. Er hört einen Tonfall, sieht eine Geste, Erröten, einen geneigten Kopf, und alles scheint ihm von Geheimnissen zu zeugen, die ihm entgangen sind.

Ist hier wirklich von einer Trauerarbeit die Rede? Trauert hier ein Liebender am Grab seiner Geliebten? Es ist eher so, daß Proust, der Dichter hinter dem Erzähler, immer stärkere Gewürze braucht, um einen Effekt zu erzielen, und er weiß, wo er sie suchen soll – in seiner eigenen Vergangenheit und seinem eigenen erotischen Leben.

In *Die Gefangene* hat der Erzähler Albertine aus Rücksicht auf die Glaubwürdigkeit der Erzählung und die angebliche Liebe des Erzählers geschützt. Jetzt, in *Die*

Entflohene, rückt er mit Informationen über sie heraus, die er früher nicht preisgeben wollte.

Der Erzähler baut sein Spionieren aus und tritt dadurch nicht viel anders als ein orientalischer Zauberer auf, der in Gebiete einzudringen vermag, die sonst für Sterbliche verboten sind. Aimé, Oberkellner im Grand Hôtel in Balbec, wird als Späher ausgeschickt und schreibt seinem Auftraggeber komisch pedantische, aber gelinde gesagt verblüffende Berichte. Aimé geht so gründlich zu Werke, daß er sogar mit einer verdächtigten Wäscherin schläft, um von ihr Informationen zu erhalten, wie sich Albertine im Bett verhält.

Andrée, Albertines Freundin, kürzlich als Wachtposten in der Wohnung engagiert, teilt mit, Albertine habe sich eine Zeitlang mit Morel zusammengetan, der sich auf kleine Fischermädchen an der Küste spezialisiert hatte. Sie bekam ihren Willen bei ihnen, da sie fürchteten, andernfalls Morel zu verlieren. Einmal hatte Morel ein solches Mädchen und Albertine mit in ein Bordell genommen, wo sich vier, fünf mit ihnen beschäftigt hätten.

Albertine hatte, versichert Andrée, nach solchen Exzessen Gewissensbisse und fühlte, daß sie sich einer kriminellen Besessenheit hingab.

Diese Enthüllungen komplettiert Andrée mit dem Geständnis, sie, die Sittenwächterin, habe selber ein Verhältnis mit Albertine gehabt. Einmal wären sie um ein Haar bei einem Beischlaf im Bett des Erzählers überrascht worden, denn er kam unerwartet nach Hause.

Was die Entdeckung verhindert hat, waren einerseits

Manipulationen mit dem Licht und der Tür, andererseits ihre Behauptung, ihnen sei schlecht geworden von dem Zweig Jasmin, den der Erzähler mitgebracht hatte.

Der Detailreichtum und die Exaktheit von Andrées Erzählung wecken Verwunderung. Hätten zwei Mädchen im Elternhaus des Erzählers, wo Papa, Mama und die treue Dienerin ständig anwesend sind, miteinander geschlafen? Kann Albertine sich wirklich auf solche verbrecherischen Orgien eingelassen haben? Das stimmt nicht überein mit dem, was wir bis dahin über sie erfahren haben. Im Gefühl der Unwahrscheinlichkeit dieser Behauptungen schiebt der Erzähler die Information ein, Albertine sei ein Jahr, bevor er sie kennenlernte, von Typhus befallen worden und seitdem verändert.

Hier wie so oft im Roman bewegt sich hinter der beschriebenen Szene eine andere. Werden hier nicht Marcel Proust und ein männlicher Freund überrascht? Marcel Proust war überempfindlich gegen Blumenduft und bekam davon Asthmaanfälle. Der Jasmin ist ein Schlüssel.

Der Erzähler erkennt selber, daß das Bild von Albertine, so wie er es in *Die Gefangene* zeichnet, mit ihrem Bild in *Die Entflohene* schwer vereinbar ist. Doch er erinnert daran, daß er schon beim erstenmal, als er die Mädchen auf der Strandpromenade in Balbec sah, geahnt hat, daß sie »die frenetische Vergnügungssucht, das Laster« verkörperten. Jetzt wird sein Verdacht bestätigt.

Proust konnte nicht sagen, wie es war. Das ist unmöglich, weil sein Erzähler ein Mann ist, der Frauen liebt.

Doch Proust hatte nicht das Herz, ein kostbares Erfahrungsmaterial zu opfern, das nur in verkleideter Form präsentiert werden konnte. Er hatte Albertine gegenüber die gleichen verzwickten Schmuggelprobleme wie gegenüber der Homosexualität. Weder konnte er noch wollte er die *Wahrheit* verbergen, und darum ist der Roman so konstruiert, daß er nicht lügen muß. Wer genau liest, sieht, daß auf den Seiten immer etwas anderes steht, als vorgegeben wird. Paul de Man formulierte dies schon vor etlichen Jahren, doch er ist niemals wirklich ernst genommen worden.

Gleichzeitig ist diese Verkleidung eine Voraussetzung für Prousts Kunst. Erst wenn er das Maskeradenkostüm trägt, wird seine Schöpferkraft aktiviert. Erst wenn er durch den Mund eines anderen spricht, wird seine eigene Stimme überzeugend.

Wenn Oberkellner Aimé berichtet, wie sich Albertine mit verschiedenen weiblichen Partnern in Badekabinen am Strand eingeschlossen habe, oder wenn er von Liebe in der Dämmerung zwischen den Dünen oder zwischen den Bäumen zu erzählen weiß, sind die Szenen Prousts eigenem verborgenen Leben entnommen. Nicht Aimé spioniert eine verbotene lesbische Liebe aus, sondern der Erzähler, der sich gequält, aber auch genußvoll daran erinnert, was er unter dem Namen Marcel Proust erlebt hat. Mit der Liebe zu Albertine in der Wohnung in Paris als Deckmantel schildert der Erzähler, wie Proust einst mit Vater und Mutter und seinem entsetzlichen Geheimnis lebte.

Mein Leser fragt sich vielleicht, ob es von tieferem Interesse ist, hinter Albertine Prousts sexuelle Eigenart zu erkunden. Ist das nicht gleichzusetzen mit der Schnüffelei im Privatleben der Dichter, die oft aus guten Gründen verurteilt wird? Des gedichteten Wortes wegen soll uns der Roman interessieren. Mag sein, aber meine Überzeugung ist, daß der Leser von jeder weiteren Bedeutungsebene bereichert wird.

FRANÇOISE

Die Position des Erzählers bei der Betrachtung von Françoise wechselt. Manchmal behandelt er sie mit einer gewissen Verachtung wie Strindberg die Köchin in *Fräulein Julie*. Meist aber macht sich der dem Oberklassenmenschen angeborene Hochmut nicht bemerkbar.

Bevor Françoise zur Familie kam, um ihr Leben lang zu bleiben, stand sie, wie ich schon erwähnt habe, im Dienst bei Tante Léonie in Combray. Tante Léonie bewohnt zwei kleine Zimmer im Haus der Großeltern. Sie und Françoise bilden ein Paar in ständigem Machtkampf, eine weibliche Variante des Themas Herr und Knecht.

Tante Léonie liegt im Bett, seit sie Witwe geworden ist, und weigert sich, aufzustehen, obwohl sich keine ernste Krankheit feststellen läßt. Proust befand sich beim Schreiben in der gleichen Situation. In Tante Léonies Lindenblütentee wird das berühmte Madeleinegebäck getaucht. Von ihr erbt der Erzähler ein Riesensofa, auf dem er, wie er behauptet, eines Tages, als Tante Léonie aufgestanden war, »zum ersten Male die Freuden der Liebe mit einer meiner kleinen Kusinen kennengelernt hatte«. Da er keinen Platz für das geerbte Sofa hatte, schenkte er es einem Bordell, demselben, in dem er Rahel sah.

Wenn der Erzähler bei seinen Besuchen im Bordell Zeuge wurde, wie sich die Huren des Sofas bedienten, erinnerte er sich, schreibt er, an die Atmosphäre in Tante Léonies

Zimmer in Combray, und er versichert: »Hätte ich eine Tote der Vergewaltigung preisgegeben, ich hätte nicht so gelitten (...), denn die Erbstücke schienen mir zu leben und mich anzuflehen wie in einem persischen Märchen die scheinbar leblosen Dinge, in denen Seelen eingeschlossen sind, die ein Martyrium erdulden und um Befreiung bitten.«

Also eine Parallelepisode zu Fräulein Vinteuil, die mit schlechtem Gewissen genüßlich das Porträt ihres Vaters anspuckt.

Françoise lebt in Symbiose mit der Familie, und ihre Eigenschaft als Dienerin zwingt sie, sich anzupassen, unterordnen aber tut sie sich nicht. Sie erbt Mutters und Großmutters Kleider, ändert diese aber in Übereinstimmung mit einem von der Tagesmode unabhängigen, zeitlosen Geschmack. Einen abgelegten Mantel mit üppigen Garnituren wendet sie, so daß der einfarbige Stoff der Innenseite zum Vorschein kommt, eine symbolische Veränderung. Ein Hut mit einem Riesenvogel auf dem Hutkopf bekommt nach Françoises Behandlung eine schlichte Samtschleife, die sich auf einem Porträt von Chardin oder Whistler gut gemacht hätte, behauptet der Erzähler. Der Leser gestattet sich vielleicht den Gedanken, daß Françoises »volkstümlicher« und sicherer Geschmack mit dem Prousts auf den Punkt übereinstimmt.

Françoises Moral, sagt der Erzähler, erinnert an Gesetzbücher aus der Antike, in denen man neben den grausamsten Vorschriften wie zum Beispiel, Säuglinge umzubringen, übertrieben zartfühlende Verbote finden kann, etwa, ein Zicklein nicht in der Milch seiner Mutter zu kochen. Darin aber unterscheidet sich Françoise nicht vom Rest der Menschheit. Unsere Zivilisation, wird die Nachwelt eines Tages finden, wird regiert von absurden und verbrecherischen Gesetzen, mit denen wir ruhig und zufrieden leben.

Françoises Lebensweisheit ist geprägt von Zynismus. Niemand wäre befriedigter über den Zusammenbruch der sozialistischen Ökonomien als sie. Saint-Loup verliert ihre Achtung, als er, trotz seines Reichtums und seines Titels, der Republik huldigt. Er gewinnt ihre Sympathie zurück, als sie sich davon überzeugt hat, daß er solche Ansichten äußert, um sich von der amtierenden Regierung Vorteile zu verschaffen. Und doch ist sie selbst unverbrüchlich treu und solidarisch mit dem Familienkollektiv, wenn es darauf ankommt.

Françoise ist eine Meisterin der Körpersprache mit der raffinierten Fähigkeit, ohne Worte zu kommunizieren. Dieses Talent mußte der Untergeordnete pflegen, und Proust ist hier ein Spezialist. Der Erzähler und Françoise spielen miteinander eine wortlose Komödie, bei der die Sprache aus Bewegungen, Mienen, Tonfall besteht. Proust unterhält sich mit Parallelen zu den Verhältnissen am Hof Ludwigs XIV. Françoise ist ein Höfling, der im Herrscher/Erzähler liest wie in einem offenen Buch, Untertänigkeit vorgibt, aber nicht nachgibt. Sie macht, schreibt der Erzähler, den Eindruck, als besitze sie besondere Informationsmethoden von der gleichen Art wie wilde Volksstämme, die Nachrichten durch Feuer von Anhöhe zu Anhöhe weiterbeförderten.

Der Erzähler wird eines Tages Zeuge, wie Françoise im Küchenanbau ein Hähnchen köpft und empört »Mistvieh, elendiges Mistvieh« ausruft, als das Tier nicht zu sterben beliebt, und er bedenkt zitternd den Kontrast zwischen dieser Mordszene und dem Hähnchen, das am nächsten Tag »in seiner nach Art eines Meßgewandes mit Gold inkrustierten Haut und seinem köstlichen, wie aus einem Ciborium rinnenden Saft auf der Tafel figurierte«. Die blutige Szene im Küchenanbau wird dem duftenden Gericht gegenübergestellt, das eingehüllt ist in die Insignien der christlichen Messe. Der Kontrast ist schön und zugleich erschütternd wahr.

Françoise kam manchmal abends ins Zimmer des Erzählers und bat, hier eine Weile sitzen zu dürfen, und ihr Gesicht wirkte so durchsichtig, daß er die Güte und Aufrichtigkeit in ihr sehen konnte. Jupien aber, dem Westenmacher unten auf dem Hof, vertraut sie an, daß der Erzähler den Strick nicht wert sei, an dem man ihn aufhängen müßte.

Françoise zeigt dem Erzähler mit anderen Worten den Riß, der durch das menschliche Leben geht. Durch sie hat er gelernt, daß ein Mensch nicht mit seinen guten und schlechten Eigenschaften klar und bewegungslos vor uns steht, daß er ein Schatten ist, in den man nie eindringen, von dem man nie etwas sicher wissen kann.

Zu dieser Einsicht führt das Studium von Françoise den Erzähler. Sie wird wegweisend für die Menschenschilderung des Romans. Kein Wunder, daß man hinter den Worten des Romans ein heimliches Weinen hört. Auf niemand, niemand kann man sich verlassen, nicht ein-

mal auf die gute treue Hüterin des Hauses. Der Erzähler ist ein verirrtes Kind zwischen Schatten.
Als Botschafter Norpois zum erstenmal ins Elternhaus des Erzählers kommt – die Eltern legen großen Wert auf den Besuch –, erlebt Françoise das Diner als Herausforderung an ihre Kochkunst, und sie lebt in einem Rausch des Schöpferglücks.
Sie geht selbst in die Hallen, um die besten Stücke Rinderfilet, Ochsenbein und Kalbsfüße zu finden, die sie für das Bœuf à la gelée braucht, ihr Trumpfas.
»Ebenso«, sagt der Erzähler, »wie Michelangelo acht Monate in den Bergen von Carrara verbrachte, um die vollkommensten Marmorblöcke für das Grabmal Julius' des Zweiten auszuwählen.«
Die Meister der Kochkunst und des Marmors beleuchten und erklären einander. Was die Köchin und den Bildhauer vereint, sind ihr Ernst und ihre Konzentration auf die Aufgabe. Die scheinbare Entfernung zwischen dem unsterblichen Kunstwerk und dem Rindfleisch, das Botschafter Norpois gleich mit Wohlbehagen genießen wird – er läßt sich zum zweitenmal vorlegen, als man es anbietet –, verschwindet. Um die geistige Einstellung und die Art des schöpferischen Prozesses geht es, um das allgemeine Gesetz.
Proust war zufrieden mit dieser Parallele. Er läßt sie durch den Roman schweben wie auf einem fliegenden Teppich im Märchen. Als er sich in der letzten Abteilung der Erzählung endlich entschlossen hat, den Roman zu schreiben, der sein Leben lang geplant, aber zugunsten des Lebens aufgeschoben worden war, erinnert er

sich an Françoises Kochkunst. Könnte ich nicht, denkt er, meinen Roman auf die gleiche Weise machen, wie Françoise ihr Rinderaspik zubereitete, dessen Gelee seinen fülligen Geschmack durch zahlreiche ausgewählte Fleischstücke bekam?
Der Erzähler erinnert den Leser nicht daran – und vielleicht hat er es selber vergessen –, daß Françoise beim letztenmal, als sie Rindfleisch in Gelee gemacht hat, mit Michelangelo verglichen wurde. An dessen Stelle tritt jetzt Proust selbst.
Einmal wird Françoise mit Odysseus' Amme Eurykleia verglichen, die, als sie dem Verkleideten die Füße wäscht, ihn durch die Narbe am Bein wiedererkennt. Françoise hat ein ebenso gutes Gedächtnis, obwohl sie wie die Amme alt wird. Mit schlechten, gealterten Augen versucht sie, das Manuskript zu dem Buch zusammenzuflicken, das sie niemals lesen wird.
»Zudem hatte sie dadurch, daß sie mein Leben mitlebte, eine Art von instinktivem Verständnis für literarische Arbeit erworben, das richtiger war als das vieler gescheiter Leute, erst recht natürlich als das der Einfältigen.« Sie begriff, daß er glücklich war, wenn er schrieb, so wie sie selbst es war, wenn sie das Rindfleisch zubereitete, und darum respektierte sie seine Arbeit und ahnte intuitiv deren Art.

Wenn sie in seinem Manuskript Seiten fand, die zerfressen aussahen, betrachtete sie sie prüfend wie ein Schneider eine beschädigte Spitze. »Das werde ich nie wieder herrichten können«, klagte sie, »das ist endgültig hin. Schade, da stehen am Ende Ihre schönsten Einfälle drauf. In Combray hat es immer geheißen, kein Kürschner versteht sich so gut auf Pelze wie die Motten. Die gehen immer ins beste Stück.«

Der Erzähler, der in diesen Szenen als Marcel Proust persönlich hervortritt, stellt sich vor, er schreibe seinen Roman, während Françoises Blick auf ihm ruht. Vielleicht vergaß er beim Schreiben unter ihren Augen, was sie über den Strick gesagt hatte.

Françoise sehnt sich wie der Erzähler selbst zurück nach Combray, wo sie ein kleines Stück Land besitzt. Auch sie träumt vom Weißdorn und von der Vivonne, »die murmelt, als ob jemand mit halblauter Stimme spricht« – in elegischen Augenblicken kann sie sich wirklich so ausdrücken. Vielleicht ist sie die Mutter, die der Erzähler anstelle derer hätte haben wollen, die immer Madame de Sévigné las. Als eine strenge, aber nicht fordernde Mutter sehen wir sie, wenn der Roman zu Ende geht und wir gezwungen sind, sie zu verlassen.

Marcel Prousts Mutter gehörte einer jüdischen Familie an, und sein eigenes Äußeres war jüdisch. Auf einer Photographie ähnelt er Chaplin. Etwas Orientalisches liegt in seinem Gesicht, so wie ihn der Maler Jacques Émile Blanche auf dem berühmten Jugendporträt darstellt. Die geleckten Haare und der kleine schmale Schnurrbart sind kohlschwarz, die Augen braun. Die Orchidee im Knopfloch hebt den Snob hervor.

Vergleicht man Proust privat mit dem Erzähler und Helden des Romans, findet man keine äußeren Ähnlichkeiten. Proust hat wie viele Romanautoren für seine Hauptperson eine gewisse Anonymität angestrebt. Von seinem Gesicht nicht ein Wort. Die Farbe seines Haars ist bald blond und bald schwarz. Seine Mutter ist keine Jüdin.

Fräulein Vinteuil lästerte ihren Vater, indem sie seine Photographie anspuckte. Auch Proust verrät seine Mutter, indem er die Mutter seines Helden ihres Judentums beraubt. In Skizzen sind ihre jüdischen Gesichtszüge vermerkt, im vollendeten Roman aber sind sie wegretuschiert.

Proust befindet sich in Hinblick auf das Jüdische in der gleichen Situation wie gegenüber der Homosexualität. Er besitzt ein Wissen, über dessen Quelle er keine Rechenschaft ablegen will. Als Swann, der Jude, von einer tödlichen Krankheit befallen wird, schreibt der Erzähler: »Swann aber gehörte jener starken jüdischen Rasse an, an deren Lebenskraft und Widerstandsfähigkeit gegen den Tod auch die Individuen teilzuhaben scheinen. Jedes für sich mit besonderen Krankheiten geschlagen, wie für ihr Volk die Verfolgung eine ist, wehren sie sich unendlich lange in furchtbaren Agonien, die sich über jedes glaubhafte Maß hinaus erstrecken können, bis man schon nichts mehr sieht als einen Prophetenbart und darüber eine ungeheure Nase, die sich aufbläht, um die letzten Atemzüge zu tun vor der Stunde der rituellen Gebete und jener weiteren, zu welcher der pünktliche Vorbeizug der entfernteren Verwandten beginnt, die mit automatischen Bewegungen wie auf einem assyrischen Tempelfries an ihm vorbeischreiten.«

Diese Todesbilder sind Zeugnisse aus Marcel Prousts eigenem Leben. Er folgte einer Reihe jüdischer Verwandter zum Grab. Nehmen wir den Prophetenbart weg – die Worte hätten bei der Schilderung von Großmutters Tod verwendet werden können.

Wäre Prousts Roman in unserer Zeit mit ihrer geschärften Aufmerksamkeit für Antisemitismus erschienen, hätte die Gefahr bestanden, daß er schlecht weggekommen wäre. Mit der jüdischen Familie Bloch treibt der Erzähler Scherz. Papa Bloch ist ein unerträglicher Prahlhans. Die Fräulein Bloch sind geschmacklose, sich ständig vor Lachen ausschüttende Schlampen. Der homosexuelle Erbonkel Nessim Bernard ist eine Farcenfigur aus einem Amphitryon-Drama und läuft aufgrund seiner Liebesabenteuer immer mit einem blauen Auge herum.

Der Sohn der Familie, Albert Bloch, ist mit all den Eigenschaften ausgestattet, die eine böse Tradition den

Juden anzuhängen pflegt. Er ist großtuerisch, unerzogen, verlogen und falsch. Er drängt sich mit aufdringlichen Methoden in dieselbe vornehme Gesellschaft hinein, nach der sich der Erzähler sehnt. Er verleugnet sein Judentum und schreckt vor antisemitischen Äußerungen nicht zurück. Schließlich nimmt er einen adeligen Namen an, um seinen Ursprung zu verbergen.

Doch die Familie erregt nicht nur Gelächter. Wenn sie, umfangreich, bunt, phantastisch, in den Speisesaal und das Casino des Hotels in Balbec stürmt, bildet sie einen farbenprächtigen Festzug. Albert Bloch idolisiert und liebt seinen Vater mit der gleichen Leidenschaft wie Proust seine Mutter. Während des Zola-Prozesses sitzt Bloch mit einem »Vorrat an Butterbroten und einer Flasche Kaffee bei sich« tagelang im Gerichtssaal, ebenso wie Proust selbst es tat. Ebenso wie Proust in seinen Jugendbriefen bedient sich Bloch einer homerischen Juxsprache: »Möge die nachtschwarze Ker mich auf der Stelle belangen und mir die Pforte des Hades auftun«, »Teurer Meister und Sie, vom Ares geliebter Reitersmann (...), der Rossebezähmer, da ich euch begegnet am Strande der wogendröhnenden Amphitrite, bei den Zelten des Meniers mit den hurtigen Schiffen«. Sein Leben lang verschafft Proust sentimentalen Gefühlen Ausdruck, die er nicht hat. Das gehört zu dem Lebensstil, in den ihn die Homosexualität hineinzwang. Als die Großmutter eines Tages sagt, sie fühle sich nicht ganz wohl, preßt Bloch ein Schluchzen hervor und wischt sich ein paar Tränen ab. Die Großmutter, die ihn kaum kennt, zieht den Schluß, daß er heuchle. Solche Heuchelei warfen viele Proust vor, aufgrund seiner übertriebenen Komplimente. Einen Meister des Lobes nannte ihn einer seiner Jugendfreunde. Mit anderen Worten: Albert Bloch ist – darauf ist oft hingewiesen worden – ein scherzhaftes Porträt von Proust selbst.

Über den Interieurs des Blochschen Hauses mit seinem ständigen Klamauk und seinen ausladenden Gesten liegt ein heimeliges Licht, das an jüdische Milieus in New York aus Woody-Allen-Filmen erinnert. Der Leser kann meinen, in eine ganz andere Familie zu blicken.

Vielleicht hat Proust den Scherz gewählt, um seine Scheu vor dem Jüdischen zu überwinden. Viele Menschen greifen zu Clownerie und Verrücktheiten, wenn ihnen etwas unangenehm ist. »Die Dinge, von denen man meistens scherzend spricht«, schreibt der Erzähler einmal, »sind umgekehrt im allgemeinen gerade diejenigen, die einen bedrücken, durch die man aber nicht bedrückt scheinen will, vielleicht in der uneingestandenen Hoffnung auf den zusätzlichen Vorteil, daß gerade die Person, mit der man spricht, wenn sie einen darüber scherzen hört, glaubt, man sei wirklich nicht bedrückt.«

In *Auf der Suche nach der verlorenen Zeit* gibt es viele Beispiele roher und kränkender Behandlung von Juden. Bloch ist während des Dreyfus-Prozesses, als eine Welle des Antisemitismus durch Frankreich geht, wiederholt Beleidigungen ausgesetzt, deren bitterer Geschmack von Erfahrungen stammen dürfte, die Proust selber gemacht hat.

Als die Marquise de Villeparisis Bloch auf ihrem Empfang zeigen will, daß er nicht mehr bei ihr willkommen

ist, findet sie sofort »ohne Mühe im Register gesellschaftlicher Möglichkeiten die Szene vor, wie eine große Dame jemandem die Tür weist«. Als Bloch sich ihr nähert, um sich zu verabschieden, sitzt sie in den Tiefen ihres großen Lehnstuhls und scheint allenfalls »in einer Art von Halbschlaf zu ruhen«. Bloch reicht ihr die Hand. Sie nimmt sie nicht, macht nur eine leichte Bewegung mit den Lippen wie eine Sterbende. Kaum aber hat der nun verwirrte Bloch ein »Adieu, Madame« ausgerufen und sich entfernt, als die Marquise auch schon, sprudelnd von zurückgekehrtem Leben, ihre Pflichten als Gastgeberin wieder wahrnimmt.
Baron von Charlus setzt Bloch einer groben antisemitischen Herabwürdigung aus, diese aber hat eine Funktion in seinen erotischen Phantasien und ist daher nicht ernst zu nehmen. Der Vergleich des Erzählers zwischen Juden und Homosexuellen dagegen hat es in sich. Die Homosexuellen ebenso wie die Juden, schreibt er, »suchen statt dessen jene, die ihnen am meisten entgegengesetzt sind, doch nichts von ihnen wissen wollen, deren rauhe Ablehnung sie aber zu verzeihen bereit sind und an deren Entgegenkommen sie sich förmlich berauschen; in eine Gemeinsamkeit gleichwohl mit ihresgleichen gezwungen durch das gewisse Scherbengericht, das über sie verhängt wird, und die Schmach, in die sie hinabgesunken sind«.
Was die jüdische Abstammung für Proust letztlich bedeutete, ist noch schwerer festzustellen als seine Beziehung zur Homosexualität, vor allem deshalb, weil der Mord am jüdischen Volk in der Mitte Europas unter

Hitler seine Schatten zurückwirft und jedes jüdische Schicksal verändert.
Der deutsche Philosoph und Literaturkritiker Walter Benjamin, der in den zwanziger Jahren Proust studiert und unter anderem *Sodom und Gomorra* ins Deutsche übersetzt hatte, mußte als Jude 1933 aus Hitlers Deutschland fliehen. Von Paris aus schrieb er an seinen Freund Gershom Scholem in Palästina, er habe im Exil gelernt, Proust auf eine neue Weise zu verstehen. Er sah Prousts Werk jetzt im Licht einer Fremdheit, die ihre Wurzel in seiner jüdischen Herkunft hatte. Jeder, der über Proust schreibt, muß versuchen, Benjamins neue Einsicht in seine Darstellung einzubeziehen.
Charles Swann ist die prominenteste der jüdischen Gestalten im Roman. Er gehört zu der höheren, vermögenden jüdischen Schicht, die angestrebt und beinahe erreicht hat, sich in der französischen Gesellschaft zu assimilieren. Pendants zu ihm gab es in allen europäischen und nordamerikanischen Gesellschaften. Als Mitglied des Jockey-Clubs, eines historisch existierenden exklusiven Vereins, scheint es ihn wenig zu stören, daß seine Club-Genossen durchgängig antijüdisch sind. Es gibt erstaunliche Beispiele aus Prousts eigenem Leben für eine ähnliche Toleranz dem Antisemitismus gegenüber. Swann betrachtet sich ganz als Franzose. Französische Geschichte und europäische Kunst sind sein Vaterland, und sein jüdisches Erbe wird erst während des Dreyfus-Prozesses sichtbar, als eine Woge des Antisemitismus durch das Land geht. Auch darin spiegelt Swann Proust selbst wider.

Unter den assimilierten Juden gab es eine gewisse Verachtung und vielleicht Angst den Juden gegenüber, die an ihren alten Bräuchen festhielten und damit ein sichtbares und für Fremdenhasser provozierendes Element im Land bildeten. Etwas davon findet sich in der Schilderung der Familie Bloch.

In der vierten Abteilung des Romans, als es dem Erzähler wie Schuppen von den Augen gefallen ist und er überall Homosexuelle sieht, wo er vorher keinen gesehen hat, nimmt mehr als hundert Seiten die Beschreibung eines Gartenfestes beim Prinzenpaar von Guermantes ein. Es ist das letzte Mal, daß Swann im gesellschaftlichen Leben auftritt. Bei diesem Anlaß beugt er sich, obwohl sterbend, lustvoll über die Hand der Marquise von Surgis – siehe das Kapitel »Swann und Odette«.

Die ganze großartige, aber allzusehr in die Länge gezogene Veranstaltung dreht sich um Swann.

Seine Nase ist inzwischen rot und geschwollen wie bei einem Trinker und wirkt jetzt enorm. Eine Pulcinellnase nennt sie der Erzähler. Durch sie erinnert Swann an einen alten Hebräer. »Vielleicht ließ in seinen letzten Tagen«, schreibt der Erzähler, »die Rasse den für sie charakteristischen Typ bei ihm rein körperlich ebenso deutlich in Erscheinung treten wie das Gefühl moralischer Solidarität mit den anderen Juden, ein Gefühl, das Swann sein ganzes Leben vergessen zu haben schien und das jetzt, als eines zum andern kam – die tödliche Krankheit, die Dreyfus-Affäre und die antisemitische Propaganda –, in ihm wach geworden war.«

Das Gartenfest ist eine Gedanken- und Gefühlsmaskerade, über der wie ein Monstrum die moralische Feigheit thront und Tanzrunden und Dialoge dirigiert. Die Gäste werden charakterprüfenden Situationen ausgesetzt, wenn sie Swann begegnen, dem früher so beliebten. Die Herzogin selbst, einen Tiepolo-roten Abendmantel über dem Kleid und »mit ihrem Rubinhalsband geschmückt«, findet es in ihrer Feigheit unangenehm, Swann in dieser antisemitischen Umgebung die Hand zu reichen – sie schenkte ihm »lieber nur privat ihre Zuneigung«. Der Herzog hält es für selbstverständlich, daß Swann moralisch verpflichtet ist, den gleichen Ansichten zu huldigen wie die vornehme Gesellschaft, die ihn, obwohl er Jude ist, in ihren Kreis aufgenommen hat. Der Prinz, Gastgeber des Festes, repräsentiert eine raffinierte Form des Antisemitismus. Er nimmt im Laufe des Festes Swann beiseite und teilt ihm mit, er sei inzwischen von Dreyfus' Unschuld überzeugt, sein hochadeliger Name und seine Stellung aber hinderten ihn daran, damit offen hervorzutreten. Die Prinzessin teilt insgeheim die Auffassung ihres Mannes, und so sind die Ehegatten gezwungen, die Zeitung *L'Aurore*, das Blatt, in dem Zola sein »J'accuse« vorgebracht hat, vor dem anderen verschwinden zu lassen. Eine jener Verwechslungsfarcen, die Proust liebt.

Swann hatte sich daran gewöhnt, eigene Meinungen für sich zu behalten. Er erinnerte sich an Madame Verdurins Anschnauzer. Er gründet seine glänzende Stellung im gesellschaftlichen Leben auf eine Falschheit, die ihm zur zweiten Natur geworden ist. Jetzt geht er sich sozusagen selbst ins Netz, denn die Dreyfus-Affäre zwingt ihn, Stellung zu beziehen.

Swann versucht, den Verrat, den sein gesellschaftliches Leben dem Jüdischen gegenüber bedeutet hat, wiedergutzumachen, indem er seine Überzeugung von Dreyfus' Unschuld offen bekennt und die, die das Gegenteil glauben, verurteilt. Seine Frau Odette aber verrät ihn und schließt sich den Anti-Dreyfusianern an, was ihren gesellschaftlichen Aufstieg befördert. Als Swann tot ist, heiratet sie ihren alten Liebhaber und bringt ihn zur Adoption der Tochter, die den Namen des Stiefvaters annimmt und damit ihren jüdischen Ursprung tilgt.

Kristoffer Leandoer hat in einem Artikel, der geprägt ist von der Indignation der Einfühlung, gezeigt, wie das antisemitische Mobbing, dem Swann ausgesetzt wird, nach seinem Tod weitergeht. Swann hatte davon geträumt, in seiner Tochter weiterzuleben. Dies war die einzige Form von ewigem Leben, an die er glaubte. Doch als er tot ist und Gilberte in die Gesellschaft eingeführt wird, geschieht das unter dem adeligen Namen ihres Stiefvaters und in der stillschweigenden Hoffnung, »man werde darüber in Unkenntnis bleiben, daß sie Swanns Tochter war«. Gilberte liegt so viel daran, akzeptiert zu werden, daß sie in ihrem Versuch, ihre Herkunft vergessen zu machen, den Namen ihres Vaters falsch ausspricht.

Leandoer meint, die Lektüre der Szenen, in denen Swanns beste Freunde und Gilberte sich gegenseitig darin überbieten, Swanns Existenz zu leugnen, gehöre zu den unangenehmsten Leseerlebnissen, die es gibt. Gilberte übertrifft ihre Vorgänger in der Weltliteratur, unter ihnen König Lears Töchter, an Undankbarkeit, denn sie kann mit ihrer Falschheit ja keine Territorien gewinnen, sondern handelt ausschließlich zur Befriedigung ihres gesellschaftlichen Hochmuts.

Gerade darin aber, schreibt Leandoer, beweist sie ihr Vatererbe. Swann hat, kann man sagen, die Rache der Götter getroffen, denn es war ja Snobismus, was seine Tochter dazu trieb, ihn zu verraten. Er selbst hatte allzu lange zugelassen, daß sein Judentum beiseite gedrängt wurde.

Ob es wirklich Prousts Absicht war, Swann zu strafen und damit insgeheim auch sich selbst, darüber wage ich keine bestimmte Meinung zu äußern. Proust hatte sich leidenschaftlich für Dreyfus engagiert. Er warb Anatole France für einen Aufruf. Das Butterbrotpaket beim Zola-Prozeß habe ich schon erwähnt.

Der Erzähler dagegen ist in der Dreyfus-Frage kühl. Er schreibt den Roman, als Dreyfus schon seit langem reingewaschen ist und jeder sich rühmt, immer auf seiner Seite gestanden zu haben, ungefähr wie Leute in unserer Zeit, die behaupten, immer gegen Hitler gewesen zu sein. Der Erzähler ist von dieser Betriebsamkeit angewidert, und er bedenkt die ganze Affäre mit einem gewissen Hohn. Der Roman als Ganzes spiegelt Swanns keineswegs eindeutige Haltung. Ein Schlüssel, der in alle Schlösser paßt, existiert nicht.

Swann bekannte sein Judentum, betonte aber gleichzeitig, daß er Franzose war. Er begann, wieder die Auszeichnungen zu tragen, die er als junger Nationalgardist

im Krieg 1870/71 erhalten hatte. Er äußerte in seinem Testament den Wunsch, bei seiner Beerdigung solle es militärische Ehrenbezeigungen geben. Als Ritter der Ehrenlegion hatte er ein Recht darauf. Als er tot in der Kirche Saint-Hilaire in Combray lag, nahm draußen eine ganze Schwadron Reiter Aufstellung. Proust selbst war – um dies hinzuzufügen – Ritter der Ehrenlegion.
Auf einem Gobelin im Chor der Kirche Saint-Hilaire in Combray wird eine Szene aus dem Alten Testament geschildert, Esthers Hochzeit mit König Ahasverus. Die Königin trägt der Tradition zufolge, informiert der Roman, die Züge einer früheren Herzogin von Guermantes. Übrigens einer der Gründe für das romantische Licht, das die Herzogin des Erzählers umstrahlt.
Was hingegen *nicht* gesagt wird, ist: Esther ist Jüdin, sie hat ihre hohe Stellung erreicht, indem sie ihren Ursprung verborgen hat, kann aber dadurch den unglücklichen und verfolgten Juden beistehen. Der Gobelin ist eine stumme Replik. Aber er ist da. In *Auf der Suche nach der verlorenen Zeit* ist jede Zeile genau überlegt.

Madame Verdurins Coup beim Vinteuil-Konzert vertreibt Baron von Charlus halbwegs aus der Gesellschaft. Gleichzeitig aber ist es ein freiwilliges Exil, denn mit der Zeit zieht er den Bodensatz der Gesellschaft den feinen Kreisen vor. Er erinnert sich zufrieden, daß sein berühmter Ahnherr Herzog von La Rochefoucauld den gleichen Geschmack hatte.

Der alternde Baron von Charlus schwillt physisch und psychisch an. Er wird zu einem Monster mit edlen Resten. Seine Entwicklung zu einer immer größeren Depravation vollzieht sich vor dem Hintergrund des Ersten Weltkriegs.

Der Erzähler verläßt Paris vor Ausbruch des Krieges, um sich in einem nicht näher beschriebenen Sanatorium aufzuhalten. Er kehrt, abgesehen von einem kurzen Besuch 1914, erst Anfang 1916 zurück, als der Krieg in sein drittes Jahr gegangen ist und dem Leben seinen Stempel aufgedrückt hat.

Gleichzeitig nimmt Proust in seinem Roman eine geographische Änderung vor. Combray liegt in den ersten sechs Abteilungen südwestlich von Paris nahe Chartres und wird jetzt irgendwohin zwischen Laon und Reims nordöstlich der Hauptstadt verlegt. Das bedeutet, daß die Front durch und über Combray hinaus verläuft, daß sein Boden vom Blut Hunderttausender Soldaten getränkt wird, daß der Weg nach Tansonville mit den Weißdornhecken vernichtet wird und daß die Seerosen

in der Vivonne, denen er in der ersten Abteilung des Romans im Gefolge Monets eine liebevolle Schilderung gewidmet hatte, sterben.
Gründlicher kann man nicht zu Werke gehen, wenn man mit Wortmagie seine Kindheit vernichten will. Die Panzer rasen duch die Träume, und die Stahlprojektile zertrümmern die Kirche Saint-Hilaire und ihren Turm, dessen Glocken er einst bei der unvergeßlichen Wanderung in Richtung Guermantes gehört hat.
Doch die Symbolik ist überdeutlich. Es ist nicht möglich, die Wirklichkeit in eine erdichtete Landschaft einzulassen, und es scheint, als meine Proust diese Verlagerung nicht im Ernst. Sie war ein Mißgriff, doch er gab ihn niemals zu.
Der Erzähler findet Paris verändert. Die Straßen sind voll von Soldaten auf Urlaub von der Front. Am Krieg nehmen Menschen aus den Kolonien und anderen außereuropäischen Ländern teil, und das gibt dem Straßenleben eine exotische Prägung. Afrikaner in roten Pluderhosen mischen sich mit Hindus mit weißen Turbanen. Die Damenmode hat sich dem Krieg angepaßt. Die Frauen tragen ägyptische Tuniken über kurzen Rökken, hohe zylinderförmige Turbane auf dem Kopf und Schuhe mit Riemen oder hohen Gamaschen, die an »diejenigen unserer lieben ›Poilus‹ gemahnten«.
Auf nächtlichen Wanderungen durch die Stadt fühlt sich der Erzähler wie Harun Ar Raschid, der in Bagdads Schummervierteln verkleidet auf die Jagd nach Abenteuern ging. Vielleicht erinnert sich mancher Leser, daß in der Einleitung zu *Sodom und Gomorra* Baron von

Charlus unmittelbar nach dem Beischlaf mit Jupien erklärt hat, er komme sich vor wie der in einen gewöhnlichen Bürger verkleidete Kalif auf der Jagd nach kleinen Jungen. Proust geht ein Risiko ein – bewußt, vermute ich –, als er mit diesem Kalifenbild den Erzähler mit dem homosexuellen Baron verschmelzen läßt. Dies konnte den Verdacht wecken, daß auch die Streifzüge des Erzählers durch die Stadt jungen Männern gelten.

Es sind die unteren Regionen im Reich der Homosexuellen und vielleicht auch die Welt des Bösen, wohin der Erzähler jetzt unterwegs ist. Aus Gründen der Vorsicht legt er eine orientalische Traumstimmung über Paris.

Erst jetzt nimmt *Sodom* wirklich Gestalt an. Proust läßt es mit einer anderen Stadt der Geschichte und des Mythos verschmelzen, die ebenso wie Sodom ein plötzliches und schreckliches Ende fand – Pompeji. Dem Schwefelregen über Sodom und der Lava und Asche über Pompeji entspricht im Paris des Ersten Weltkriegs die Bedrohung durch die deutschen Armeen.

Wie aber könnte sich der Erzähler, Liebhaber von Frauen, Zutritt in diesen unterirdischen Bereich verschaffen? Der Erzähler läßt den verblüfften Leser wissen, er habe auf einer seiner nächtlichen Wanderungen durch die Stadt in der Wärme Durst bekommen, »ungewöhnlichen Durst«, wiederholt er sicherheitshalber. Alle Bars sind geschlossen. Ein Hotel ist der einzige Ausweg. Gleich leuchtet es aus einer Tür, und Leute gehen ein und aus. Der Erzähler tritt ein und bittet um ein Zimmer und etwas zu trinken.

Er ist, kann man sich so ein Glück vorstellen, in einem

männlichen Bordell gelandet. Durch ein Guckloch in ein Zimmer am Ende eines Korridors sieht er, wie ein Mann von brutalem Aussehen einen ans Bett geketteten, nackten Mann auspeitscht, der laute Schmerzensschreie ausstößt. Es ist Baron von Charlus.

Wundersamerweise hat sich das Tor zur Unterwelt geöffnet, und wie es einem Märchen ansteht, hat der Held, ohne es zu wissen, auf den richtigen magischen Knopf gedrückt und das Zauberwort ausgesprochen – Durst.

Der frühere Westenmacher Jupien, derselbe, der dem Erzähler Françoises hartes Urteil anvertraut hat, hat für die Bedürfnisse des Barons dieses Bordell eingerichtet. Jupien darf jetzt weitere bittere Wahrheiten über das Leben enthüllen. Im Bordell lassen sich einige der Salonlöwen, denen der Erzähler in der vornehmen Gesellschaft begegnet ist, von mehr oder weniger depravierten jungen Männern bedienen, von denen viele Soldaten auf Urlaub sind.

Mit Hilfe des Barons und Jupiens schildert jetzt der Erzähler dieses untere Sodom. In den unterirdischen Schutzräumen und in den Metrostationen von Paris versammeln sich bei den Zeppelinangriffen die Bewohner der Stadt, und dies verschafft den Homosexuellen Möglichkeiten sexueller Kontakte. Wird man schlecht aufgenommen, dient die Dunkelheit selbst als Entschuldigung. Bekommt man Antwort von einem Körper, der sich nicht zurückzieht, hat man einen schweigenden Weg zu jemandem gefunden, der vorurteilsfrei und lasterhaft ist. Man muß in die Frucht beißen, sagt der Erzähler, ohne sie mit den Augen begehrt zu haben.

Wird hier Böses getan? Der Baron nutzt den Geldbedarf junger Männer aus. Was aber kauft er von ihnen? Die sadomasochistische Peitschenséance, deren Zeuge der Erzähler wird, erweist sich weitgehend als smart inszeniertes Schauspiel. Der Mann mit der Peitsche ist von Jupien instruiert, sich als bestialischer Mörder auszugeben, denn nur ein solcher entspricht den Bedürfnissen des Barons. Als der Baron ihn reichlich bezahlt, fällt der »Mörder« aus der Rolle, bedankt sich demütig, sagt, er werde das Geld seinen Eltern und seinem Bruder an der Front schicken.

Angesichts dieser lächerlichen Antiklimax tut der Baron so, als sei er empört, doch er *weiß* bereits, daß im Bordell Mogelwaren angeboten werden. Das Auspeitschen, das angeblich zu blutenden Wunden führt, berührt mit keinem einzigen Schlag die Wirklichkeit. Gleich nachdem das Blut am Körper des Gepeitschten heruntergeflossen sein soll, geht er fröhlich im Bordell umher und treibt Konversation mit den Kunden.

Die innere Welt des Barons, schreibt der Erzähler, war wie eine illuminierte Handschrift mit seiner mittelalterlichen Phantasie ausgeschmückt, unsichtbar für andere. Da gab es Folterinstrumente, Foltermethoden und unterirdische Klosterverliese. Der Erzähler fügt hinzu, auch wenn diese Bilder abstoßend seien, seien sie nur ein Traum, ebenso poetisch wie die Sehnsucht nach Venedig. Selbst in wahnsinnigen Verirrungen läßt sich die Liebe unterscheiden.

Der Baron ist ein Mann, eingesperrt in eine Rüstung aus Stahl, ein aufgesetztes Männlichkeitssymbol. Innerhalb des Blechs lebt er ein geheimes Leben der Tränen und Seufzer. Er ist eine Frau, die sich zwingt, als Mann aufzutreten, und seinem Geliebten zieht er männliche Attribute an und gibt ihm grausame Waffen in die Hände. Doch nur im Spiel.

Baron von Charlus bleibt eigentümlich unberührt von der Depravation, die in seinem Leben zum Ausdruck kommt. Er hatte sich angewöhnt, sagt der Erzähler, Moral und Handlungen zu trennen. Die Gewohnheit hörte auf, jemals das moralische Gefühl zu befragen. Ist das nicht, fragt sich der Erzähler, bei vielen amtlichen Funktionen, Richtern und Staatsmännern und anderen ebenso? Der Erzähler hätte seine Beispielsammlung erweitern können. Ist nicht die Trennung zwischen schlechten Handlungen und behaupteter Moral charakteristisch für unsere Gattung, obwohl Gewohnheit und Konventionen sie verdecken?

Ein schweres Verbrechen, heißt es, hat der Baron begangen. Er kauft einen Beischlaf von einem Jungen, der weniger als zehn Jahre alt und ohne sexuelle Erfahrungen ist. Dazu kommt es, als der Baron alt und vorübergehend völlig blind ist. Jupien berichtet dem Erzähler, was geschehen ist. Doch ist nicht auch das eine Phantasie in der Dunkelheit? Ebenso wie das Auspeitschen scheint die Kindesverführung eher auf dem Klatschmarkt aufgeschnappt und nicht künstlerisch integriert.

Selbstverständlich basiert der ganze Abschnitt über das Paris des Krieges auf Prousts eigenen Erfahrungen. Mit größtem Eifer hat die Forschung ans Tageslicht gebracht, was über Prousts homosexuelle und sadistische

Praxis konkret zu finden war. Doch was man gefunden hat, ist ebenso unsicher wie das Material über Baron von Charlus, das der Erzähler uns anbietet.
Man weiß, daß Proust während des Krieges ein männliches Bordell finanzierte und frequentierte – die Notiz über Tante Léonies Sofa ist ein Hinweis auf die Wirklichkeit hinter Baron von Charlus' Bordell. Hinsichtlich der Genüsse aber, die sich Proust dort kaufte, ist man unsicher. Nicht abwegig ist die Vermutung, daß es sich meist um Phantasieschauspiele des Typs handelte, den der Baron mit Hilfe Jupiens inszeniert. Die einzige »Sünde«, die Proust wirklich beging, war vielleicht Onanie. Das Bordell bot dabei seine Mithilfe an.
Der Baron sinkt, durchläuft aber gleichzeitig ein Reinigungsbad, als werde im Schmutz ein Streifen edlen Metalls ausgefällt und als befreie sich aus dem angeschwollenen, verbrauchten Körper ein dunkler Engel.
Während das Schlachten an den Fronten weitergeht, breitet sich in Paris schamloser Luxus aus und steigert die Euphorie, die erregte Zustände auszuzeichnen pflegt. Der Krieg vereinfacht die moralischen Probleme und befreit den einzelnen von Verantwortung. Baron von Charlus aber steht außerhalb. Er ist Halbdeutscher, denn seine Mutter war Herzogin von Bayern. Er gehört zu dem fürstlichen und hochadeligen Kreis, der durch zahlreiche Heiraten über die Grenzen gegen den Nationalismus relativ immun geworden ist.
Wenn zwei Individuen oder zwei Nationen sich im Streit befinden, haben Gerechtigkeit und Vernunft keine Chance, sagt der Erzähler. Wenn man vom Recht der

einen Partei überzeugt sein will, muß man sich ihr anschließen. Es ist das patriotische Gefühl, das entscheidet, was Recht ist und was Unrecht.
Baron von Charlus befindet sich außerhalb des Kreises der »Gerechten«. Das setzte ihn Gefahren aus, machte ihn aber frei. Während seine Landsleute den Haß gegen die Deutschen entscheiden lassen, welchen Standpunkt sie beziehen, entwickelt der Baron ein Mitgefühl, das die Grenze zwischen Freund und Feind nicht respektiert. Er nutzt Soldaten aus, die an seinem Laster Geld verdienen. Doch er denkt an die schönen männlichen Körper, die der Krieg verstümmelt und tötet. Die Statuen Phidias' konnten sich mit ihnen nicht messen, sagt er sich. Freund und Feind haben die gleiche physische Ausrüstung. Die Homosexualität des Barons läßt ihn die Menschheit als eine Einheit sehen, und das befreit ihn von der moralischen Vergiftung des Krieges.
Es widert ihn an, daß man über die Zerstörung der Kathedrale von Reims durch die Deutschen stärker empört ist als über die menschlichen Opfer. Proust reagierte, wie aus seinen Briefen hervorgeht, auf die gleiche Weise. Den Baron ekelt die Tyrannei der Majorität an. Hätte er in Deutschland gelebt, er hätte auf die patriotische Majorität dort ebenso stark reagiert. Denn der Baron hat Mitleid mit jedem, der schwach ist. Er liest in der Zeitung nie die Gerichtschroniken, damit er nicht am eigenen Leibe die Ängste des Verurteilten erleiden muß.
Der Baron als alter Mann erlebt die Welt als verflucht. Das Bordell ist mit Wandmalereien aus Pompeji geschmückt, und der Baron kann seiner dichterischen

Phantasie Luft machen, wenn er ganz Paris als von der Lava bedroht sieht.

Er behauptet, man habe in Pompeji eine Wand gefunden, in die das Wort SODOMA eingeritzt war. Er wittert den Duft von Untergang in den Gassen. Er amüsiert sich – Galgenvogel, der er auch ist – mit Phantasien von Paris, vernichtet vom Ansturm der deutschen Armeen wie Pompeji unter der Lava.

Die Reichen flüchten mit ihren Kunstwerken in ihre Keller und werden von der Asche gefangen wie die Priester in Herculaneum. Die Damen der Gesellschaft werden vor dem Toilettenspiegel überrascht. Eines Tages werden die Kinder in den Schulbüchern der Zukunft studieren, wie Madame Molé eine Schicht Schminke auflegt, bevor sie zum Abendessen bei ihrer Schwägerin geht, oder wie Sosthène de Guermantes letzte Hand an seine falschen Augenbrauen legt.

Was für Dokumente für die Geschichtsschreibung der Zukunft, ruft der Baron aus, Stoff für die Vorlesungen künftiger Gelehrsamkeitspedanten.

Wenn die Situation Baron von Charlus' im Bordellbett zweideutig ist – Ernst oder Spiel –, muß man sich mit noch mehr Grund fragen, ob er in seiner Phantasie in der Vergangenheit oder im Jetzt lebt, ob im Himmel, auf Erden oder in der Unterwelt.

Er will den Schimpf, den ihm Morel zugefügt hat, rächen und entschließt sich, ihn zu töten. Er beruft sich auf den Wahlspruch seines Geschlechts aus dem Psalter (91,13): »Auf Löwen und Ottern wirst du gehen und treten auf junge Löwen und Drachen.«

Als Morel, der die Gefahr ahnt, ihm ausweicht, ist der Baron davon überzeugt, daß der Erzengel Michael eingegriffen und ihn daran gehindert habe, eine Todsünde zu begehen.

Baron von Charlus ist eine Inkarnation der sinkenden französischen Aristokratie, der Gesellschaft, die im Zentrum von Prousts Roman steht. Er verwaltet aussterbende Sitten und Gebräuche, während er sie gleichzeitig als Requisiten in Phantasiedramen benutzt. Man kann ihn als einen Märtyrer der Geschichte und der Form bezeichnen, der ein Gedanken- und Bewegungsschema aufrechterhält, lange nachdem dessen Regeln sinnlos oder obsolet geworden sind.

Als der Erzähler und Proust Abschied vom Baron nehmen, der nun all seine Geheimnisse hat ausliefern müssen, ist er beinahe senil und wird wie ein Kind von Jupien gepflegt. Doch als er dann, mit weißem Bart und am ganzen Körper zitternd, auf der Straße einer Dame der Gesellschaft begegnet, weiß sein versteinertes Hirn, was sich gehört. Er inszeniert eine Begrüßungszeremonie, die alles enthält, was gesellschaftliche Höflichkeit, gespielte Untertänigkeit und tapfere Verleugnung jeder Schwäche erfordern. Saint-Simon wäre mit ihm zufrieden gewesen.

Die Dame, die er grüßt, ist Madame de Saint-Euverte, die er zu Zeiten seiner Kraft und seines Hochmuts verachtet und deren Salon er eine öffentliche Toilette genannt hat. Der Baron ist sich nicht bewußt, daß er ihr mit seinem Gruß Genugtuung verschafft. Er spielt seine letzte große Szene, die nichts als Schein ist und dennoch ergreifende Wirklichkeit.

DER ERZÄHLER

1

Als die Großeltern noch lebten und in Combray wohnten, ärgerte manchmal die Großtante die Großmutter, indem sie dem Großvater ein paar Tropfen Cognac einschenkte. Dann rief sie zur Großmutter in den Garten hinaus: »Bathilde! Sieh doch zu, daß dein Mann keinen Cognac trinkt!« Dem Großvater war es vom Arzt verboten worden, Schnaps zu trinken.

Und jedesmal, wenn das geschieht, ist die Großmutter gleichermaßen unglücklich. Sie fleht ihren Mann an, den Cognac stehenzulassen, mit dem Ergebnis, daß er böse wird und sein Gläschen trinkt. Und die Großmutter geht hinaus, traurig und niedergeschlagen.

Der Erzähler hält Großmutters Schmerz nicht aus und flieht in eine kleine, nach Iriswurzel duftende Dachkammer, wo er sich einschließen darf. Sie diente ihm, so der Erzähler, »als Zuflucht für all meine Beschäftigungen, die unverletzliche Einsamkeit erforderten: Lesen und Träumen, Tränen und Lust«. Dies ist eine der ganz wenigen Stellen im Roman, wo es ein solches Geständnis – bezüglich der Lust nämlich – gibt. Für seine Zeit war es kühn.

Der Erzähler wird oft zum Zeugen, dessen Mitgefühl auf die Probe gestellt wird, und er hat nicht immer die Möglichkeit zu fliehen. Als Kind war es ihm nicht möglich, einzugreifen und das Böse zu verhindern. Als er erwachsen war, wurden solche Schmerzensszenen zu seinem Motiv. Er floh, indem er sie beschrieb.

Wieder und wieder wundert man sich darüber, daß der Erzähler sich selbst als einen Mann schildert, der keine Indignation zum Ausdruck bringt, wenn Unrecht geschieht. Der Erzähler diskutiert weiter etymologische Probleme mit Professor Brichot, als Cottard in der Balbec-Bahn unter Ausnutzung seiner hohen Stellung einen armen Bauern an die Luft setzt, den man wegen des Gedränges in der ersten Klasse untergebracht hat.

Man darf nie vergessen – und das ist nicht leicht –, wie raffiniert der Roman konstruiert ist. Es gibt drei Erzählerebenen. Ganz oben steht Marcel Proust persönlich, Herrscher über den gesamten Text. Unter ihm der Erzähler, der Proust ist, aber mit einer Maske vor dem Gesicht. Unter dem Erzähler schließlich steht die Person, über die der Erzähler erzählt, der Held des Romans, eine jüngere und unerfahrenere Ausgabe seiner selbst. Man kann nie ganz sicher sein, welchen von den dreien man vor sich hat.

Der Erzähler äußert sich ab und zu über sich selbst. Einmal behauptet er, physischen Mut zu besitzen und darum leicht in Duelle zu geraten. Darin ist er ein Echo von Marcel Proust. Hingegen ist der Erzähler bereit, seinen moralischen Mut in Frage zu stellen.

Eines Abends nimmt ihn Rahel mit ins Theater, wo eine junge Sängerin mit etwas zu ausgeprägter Sitzfläche debütieren soll. Die ganze Zukunft der Sängerin hängt davon ab, wie das Debüt ausfällt. Rahel hatte ihren Untergang geschworen und im Zuschauerraum Freunde und Freundinnen verteilt, die sich gegenseitig auf die Fortsetzung ihres Rückens aufmerksam machen und ihren Gesang mit höhnischen Kommentaren und Gelächter unterbrechen. Die arme Debütantin wirft zunächst ihren Verfolgern schmerzlich indignierte Blicke zu, muß aber rasch aufgeben. Das Fiasko ist definitiv. Der Vorhang fällt, bevor sie ihren Vortrag beendet hat.

Der Erzähler schreibt, er habe sich angestrengt, diese Episode zu vergessen, da er weder den Mut noch die Möglichkeit gehabt habe, sie zu verhindern. Er fügt hinzu: »Es wäre mir zu schmerzvoll gewesen, die Gefühle, von denen die Henkersknechte der Debütantin beseelt waren, dadurch, daß ich Gutes von ihr sagte, zu solchen der befriedigten Grausamkeit zu machen.« Der Erzähler ist im Theater in zwei verschiedenen Gestalten gegenwärtig. Er ist derjenige, der schildert, was passiert. Er weckt das empörte Mitgefühl des Lesers mit der Sängerin, ist aber gleichzeitig der, der schweigend im Zuschauerraum sitzt. Nachher tadelt er nicht mit einem Wort Rahel und ihre Verschworenen. Das Verhalten des schweigenden Zeugen hat Anlaß zu der Vorstellung gegeben, Proust unterscheide nicht zwischen Recht und Unrecht.

Bei einer anderen Gelegenheit tritt der Erzähler, das heißt der, von dem der Erzähler erzählt, tadelnswert in einer noch peinlicheren Situation als der auf, die sich im Theater abgespielt hat. Als Madame Verdurin den Sturz Baron von Charlus' plant – ich habe davon in dem Kapitel erzählt, das seinen Namen trägt –, kam es darauf an, den Baron nach dem Konzert in die Irre zu führen und ihn daran zu hindern, sofort mit seinen Glückwünschen zu Morel zu stürzen. Madame Verdurin brauchte eine gewisse Zeit, um den Violinisten vorzubereiten. Brichot und der Erzähler verwickeln nun den Baron in ein langes Gespräch, das auf das Thema Homosexualität kommt. Der Baron brilliert mit seinen Kenntnissen und versichert, drei von zehn Männern seien homosexuell, und auch Frauen, die sich zu ihrem eigenen Geschlecht hingezogen fühlten, seien viel zahlreicher, als die Leute annähmen.

Den Erzähler, der, als dies stattfindet, noch mit Albertine, eingeschlossen in der elterlichen Wohnung, zusammenlebt, beunruhigen die Experteninformationen des Barons. Sie aktivieren seine Eifersucht. Er möchte den Baron eigentlich warnen, wird aber nun zum Komplizen von Frau Verdurin. Das Brillieren des Barons steht seiner Rettung im Wege.

In diesem Zusammenhang schreibt der Erzähler zwei Sätze nieder, die einander vielleicht zu widersprechen scheinen: »Dazu blieb mir auch das Gefühl der Gerechtigkeit bis zum Fehlen jeden moralischen Sinns völlig unbekannt. Ich war im Grunde meines Herzens von vornherein ganz auf seiten desjenigen, der der Schwächere und der Unglücklichere war.«

Im Sommer 1906 wurde Dreyfus endlich rehabilitiert, erhielt seinen Dienstgrad zurück und wurde anschließend befördert. Bei der Debatte in der Deputiertenkammer über diese Angelegenheit wurde ein gewisser General Mercier, früherer Verteidigungsminister, heftig angegriffen. Mercier war einer der Maßgebenden unter denen, die Dreyfus angeklagt hatten, und er hatte Fälschungen benutzt, um sein Vorgehen zu unterstützen.

Proust reagierte auf die Verunglimpfungen des Generals, obwohl er selbst überzeugter Dreyfusianer war. Er las die Berichte der Zeitungen, in denen es hieß, der fünfundsiebzigjährige General werde immer bleicher, und Proust war beeindruckt vom Mut des Generals, sich in der Kammer einzufinden. An Madame de Noailles, die Lyrikerin, schrieb Proust am 16. Juli 1906: »Das ist abscheulich zu lesen, denn auch noch im bösesten Menschen steckt ein armes unschuldiges Pferd, das auch Schmerz empfindet, stecken ein Herz, eine Leber, Adern, in denen kein Falsch ist und die leiden. Und die Stunde der schönsten Triumphe ist getrübt, weil es immer jemand gibt, der leidet.«

Als sich der Erzähler über seinen Mangel an Moral und sein Mitgefühl mit den Schwächsten äußert, wartet sein Alter ego darauf, daß der Baron seiner Homosexualität wegen beschimpft wird. Der nächste Satz lautet: »Ich besaß keine Meinung über das Ausmaß, in dem Gutes und Böses in den Beziehungen zwischen Morel und Monsieur de Charlus eine Rolle spielten, aber die Vorstellung von den Leiden, die Monsieur de Charlus bevorstanden, bereitete mir unerträgliche Pein.«

Baron von Charlus ist Träger von Prousts Homosexualität im Guten wie im Bösen. Er ist auch mit dem Genie seines Schöpfers ausgestattet. Wenn der Baron beleidigt wird, bewegt sich hinter ihm Marcel Prousts Schatten. Wenn der Erzähler behauptet, keine Ahnung von dem

Ausmaß zu haben, in dem Gutes und Böses in der Beziehung zwischen dem Baron und seinem Geliebten eine Rolle spielen, kann der Leser sich einbilden, im Gesicht des Erzählers ein verschmitztes Lächeln zu bemerken. Mein Leser weiß bereits, daß sich der Baron schändlicher und verbrecherischer Handlungen schuldig machen wird und daß der Erzähler es wußte.
Beweist nicht der, der immer für den Schwächsten Partei ergreift, eine gute Moral? Ist das nicht die Praxis Jesu? Wenn es aber um General Mercier geht, oder Göring, oder Höss, Kommandant in Auschwitz, die ja am Ende alle schwach und jämmerlich waren? Oder Baron von Charlus? Bittet in Wirklichkeit der Erzähler mit Proust hinter sich um Barmherzigkeit, wenn er sich das Gefühl für Gerechtigkeit abspricht und dennoch an unser Mitgefühl appelliert?

2

In der letzten Abteilung seines Romans läßt Proust seinen Erzähler im Laufe einer Stunde dreimal das Glücksgefühl empfinden, das der Duft der Madeleine, getaucht in den Lindenblütentee, auslöste. Er ist gealtert und desillusioniert. Ohne Erwartungen beschließt er, auf einen Empfang beim Prinzenpaar von Guermantes zu gehen. Dort trifft er auf die schreckliche Greisenmaskerade. Die Prinzessin, die frühere Madame Verdurin, präsidiert mit klapperndem Gebiß und nach Rhinogomenol-Tropfen stinkend, darf man vermuten, einer Gesellschaft im Verfall.

Als der Erzähler eintrifft, muß er auf dem Hof einem Auto ausweichen und stolpert auf den ungleichmäßigen Pflastersteinen. In dem Augenblick, als er seinen Fuß auf einen Stein setzt, der etwas niedriger liegt als die übrigen, ist seine Mißstimmung verflogen. Die Süße des Madeleinegebäcks ist wieder da. Die ganze Unruhe verschwindet, und der Tod existiert nicht mehr. Das Baptisterium in Venedig mit seinen ungleichen Bodenplatten, wo er einst mit Ruskins Buch *The Stones of Venice* in der Hand gestanden hat, steigt in seinem Bewußtsein auf. Gleich darauf bringt ihn das Klirren eines Löffels an einem Teller dazu, sich einen Augenblick halluzinatorisch an die Balbec-Bahn zu erinnern, als der Zug stillstand und ein Bahnarbeiter an einem Rad des Zuges mit einem Hammer etwas in Ordnung brachte. Im nächsten Augenblick, als er sich mit einer gestärkten Serviette den Mund abwischt, erscheint in seinem beglückten Bewußtsein die Vision des Meeres bei Balbec, »rein und von Salzluft getränkt, sie schwoll zu Hügeln auf, die bläulichen Brüsten glichen«.

Sie sind psychologisch unwahrscheinlich, diese psychophysischen Sensationen Schlag auf Schlag in einem so kurzen Zeitraum, doch sie dienen dem Erzähler als Ausgangspunkt für eine Reflexion über die Bedingungen seines Schreibens.

In den Jahren, die vergangen sind und in denen uns der Erzähler seinen Lebensweg hat begleiten lassen, durch die aristokratischen Salons und die drei Verliebtheiten, ist ab und zu die Rede gewesen von einem Buch, das der Erzähler zu schreiben beabsichtigt. Nun soll endlich etwas daraus werden. Unter den vielen Mystifikationen und Verwandlungsnummern, die Proust uns bietet, ist das die bemerkenswerteste – das Buch gibt es schon. Das Buch, das er schreiben will, ist der Roman, den wir gelesen haben. Ein befreiendes, wenn auch leicht verwirrtes Lachen steigt aus der Brust des Lesers auf.

Die Glückserlebnisse – der Stein auf dem Hof, der Löffel am Teller und die Serviette am Mund – sind nahe verwandt mit den Übereinstimmungen zwischen zwei Dingen oder zwei Ideen, von denen Proust in *Contre Sainte-Beuve* gesagt hat, sie seien das Brot, von dem seine Seele lebe. Der Erzähler beschließt, seinen Roman auf die unbewußte Erinnerung zu gründen. Die Vernunft und eine bewußte Anstrengung, sich zu erinnern, können ihm nie zu einem so lebendigen Bild der Vergangenheit verhelfen wie der Duft aus der Tasse, der Klang des Löffels am Teller und das Gefühl, das die gestärkte Serviette ihm schenkte. Die Arbeit des Künstlers muß auf der sinnlichen Erfahrung basieren. Proust hätte mit René Char sagen können: »Der Weißdorn war mein erstes Alphabet.«

Wie ich im ersten Kapitel erwähnte, ist dieses Programm ein Ding der Unmöglichkeit. Es verleugnet Françoises geduldige Auswahl der richtigen Zutaten zum Rindfleisch in Gelee und die Kochkunst, die es erforderte. Es ging für den Koch Proust nicht darum, auf Wunder zu warten, auch wenn diese sich manchmal einstellten; er mußte mit unendlicher Mühe Menschen, Natur, Szenerien erschaffen, die nie existiert haben und die Geschenke an den Leser sind.

3

Die drei großen Künstler im Roman bringen Prousts Kunstauffassung und Ambitionen zum Ausdruck. Vinteuil stirbt und darf seine Weltberühmtheit nie erleben. Seine Tochter und die Frau, die einmal sein Porträt angespuckt haben, machen diesen Schimpf hundertfach wieder gut. Sie sind nämlich die einzigen, die Vinteuils Noten deuten können. Ihre geduldige Interpretationsarbeit ist die Voraussetzung für Vinteuils Ruhm. Vielleicht dachte Proust, daß sein Roman eine ähnliche Rehabilitation bedeutete. Er deutete die geheime Schrift, die seiner Mutter und ihm gehörte.

Elstir, der Maler, verschwindet früh aus dem Roman. Von den dreien folgen wir als einzigem Bergotte bis zu seinem Tod. Als Bergotte alt wurde, bekam er Urämie, dieselbe Krankheit, an der die Großmutter starb. Eine holländische Wanderausstellung kommt nach Paris, und unter den Gemälden ist Vermeers *Ansicht von Delft*, das Proust 1902 im Haag gesehen und zum »schönsten Gemälde der Welt« ernannt hat.

Bergotte kennt das Bild bis ins Detail, will es aber jetzt, trotz seiner Krankheit, wiedersehen. Ein Kritiker hat nämlich in einem Artikel auf ein mit raffinierter Kunst gemaltes kleines gelbes Mauerstück in der rechten Ecke des Bildes aufmerksam gemacht, das Bergotte bisher nicht beachtet hat.

Er macht sich trotz seiner Krankheit auf den Weg. Proust selbst unternahm im Jahr vor seinem Tod den gleichen Ausflug. Bergotte stellt fest, daß das Bild seinen Erwartungen entspricht. Er notiert, wie geschickt die kleine gelbe Mauerecke gemalt ist, und begreift, daß viele Farbschichten und viele geschickte Pinselstriche erforderlich sind, um diese Wirkung zu erzielen. Er wirft sich vor, in seiner eigenen Prosa nicht mit dieser Sorgfalt und diesem Fleiß gearbeitet zu haben.

Während er vor dem Bild steht, wird ihm schwindelig. Ihm entgeht nicht, daß ihn der Tod bedroht, und er ärgert sich darüber, daß er, der Weitberühmte, für die Abendzeitungen vielleicht die Sensation des Tages sein wird. Dann sinkt er zu Boden und ist in der nächsten Sekunde tot.

Marcel Proust, der diese Szene beschreibt, muß sich bewußt gewesen sein, daß die Vorwürfe, die Bergotte im Todesaugenblick sich selbst machte, jedenfalls diesmal nicht ihm selbst galten. Seine Beschreibung der Todesszene, *seine* »gelbe Mauerecke« besitzt die nötige Vielschichtigkeit. Proust hat einmal viele Jahre zuvor eine ähnliche Szene geschildert, als er den alten Ruskin, der nur mit Mühe gehen kann, nach Holland wallfahren läßt, um Rembrandt-Gemälde zu sehen.

Als Bergotte am Boden liegt, fragt sich der Erzähler, ob der Dichter wirklich für immer tot sei – »pour toujours«. Er weist die Auferstehungsdogmen der Religionen zurück, fügt aber hinzu: »Man kann nur sagen, daß alles in unserem Leben sich so vollzieht, als träten wir bereits mit der Last in einem früheren Dasein übernommener Verpflichtungen in das derzeitige ein.« Wenn ein Künstler wie Vermeer das gelbe Mauerstück malt, das Bergotte in seinem Todesaugenblick bewundert hat, was

hat ihn zu dieser Mühe getrieben, an der sein bald von Würmern zerfressener Körper keine Freude hat? War es sein Gefühl, »einer anderen, auf Güte, auf Gewissenhaftigkeit, auf Opferbereitschaft basierenden Welt anzugehören, einer Welt, die vollkommen anders als unsere hiesige ist, aus der wir aber gekommen sind, um auf dieser Erde geboren zu werden, bevor wir vielleicht in jene zurückkehren, um wieder unter der Herrschaft jener unbekannten Gesetze weiterzuleben, denen wir gehorchen, weil wir ihr Gebot in uns trugen, ohne zu wissen, wer es dort eingeschrieben hat – Gesetze, denen alle vertiefte Arbeit des Geistes uns näherbringt und die unsichtbar – vielleicht sogar noch weniger erkennbar als das Unsichtbare – einzig den Narren bleiben«? »Der Gedanke, Bergotte sei nicht für alle Zeiten tot, ist demnach nicht völlig unglaubhaft.«
Auf einer der letzten Seiten des Romans schreibt Marcel Proust, der Gedanke an seine Romankonstruktion habe ihn nicht einen Augenblick verlassen. »Ich wußte nicht«, fährt er fort, »ob es eine Kirche sein würde, in der die Gläubigen nach und nach Wahrheiten entdecken und Harmonien, den großen Plan, der dem Ganzen zugrunde lag, erkennen würden, oder ob mein Werk wie ein Druidenmal auf dem Gipfel einer Insel für immer unbesucht dastehen würde. Aber ich war entschlossen, ihm meine Kräfte zu weihen, die gleichsam widerstrebend von mir wichen, als wollten sie mir Zeit lassen, nach dem Umreißen der Aufgabe die ›Pforte des Grabes‹ geschlossen zu halten.« War es das Gefühl, eine Verpflichtung gegenüber einem wahreren Vaterland zu erfüllen,

das ihn zu der heroischen Arbeit trieb? Er vergleicht seinen Roman mit einem Sohn, mit dem sich die sterbende Mutter trotz aller Müdigkeit zwischen Injektionen und Aderlassen immer noch beschäftigen muß. Er spricht von den »egoistischen Anforderungen des Werkes«. Die Kunst ist ein Teil des anderen, höheren Vaterlandes und strahlt die Schönheit und Wahrheit des Ursprungs aus. Darum ist kein Opfer zu groß.
Bergotte wurde begraben, schreibt Proust, »aber während der ganzen Trauernacht wachten in den beleuchteten Schaufenstern seine jeweils zu dreien angeordneten Bücher wie Engel mit entfalteten Flügeln und schienen ein Symbol der Auferstehung dessen, der nicht mehr war«. Die Hoffnung, vielleicht Gewißheit, die Proust hier äußerte, galt ihm selbst.

BIBLIOGRAPHISCHES GEPLAUDER

Marcel Prousts Roman *À la recherche du temps perdu* habe ich meist in Gunnel Vallquists bewundernswerter Übersetzung *På spaning efter den tid som flytt* gelesen. Ich empfinde ihr gegenüber große Dankbarkeit. Die sieben Bände sind mit einem Appendix in einem eigenen Band komplettiert, der Textkommentare, Resümees und Register über Namen und Orte enthält.

Ebenso unentbehrlich war für mich die große französische Pléiade-Ausgabe, 1987 bis 1989 (Gallimard). Die Kommentare darin sind überwältigend in ihrem Reichtum und ihrer Genauigkeit. Sie umfassen mehr als viertausend Seiten, von denen eine große Anzahl in extrem kleiner Schrift gedruckt sind. Dem Proust-Leser werden hier Hilfsmittel aller Art geboten: eine Chronologie über Prousts Leben, eine umfängliche Bibliographie, Aufstellungen der Proust-Papiere in der Bibliothèque nationale und, ganz besonders wertvoll, zahlreiche Skizzen und Entwürfe Prousts zu wichtigen Stellen des Romans. Für den, der studieren will, wie Proust arbeitete, sind diese Skizzen unentbehrlich. Die Register sind prächtig. Eines von ihnen umfaßt alle literarischen und künstlerischen Werke, die im Roman genannt werden.

Prousts übrige Werke gibt es inzwischen in leicht zugänglichen Ausgaben. Was er vor seinem Debüt 1896 geschrieben hat, ist in *Ecrits de jeunesse* (1991) gesammelt, herausgegeben vom L'Institut Marcel Proust international. Prousts erstes Buch, die Novellensammlung

Les plaisirs et les jours (*Freuden und Tage*) mit einem Vorwort von Anatole France, wurde zum erstenmal 1896 publiziert, als Proust fünfundzwanzig war. Es enthält einige zukunftsweisende, hervorragende Novellen und eine Anzahl Causerien. Gunnar Ekelöf übersetzte früh mehrere dieser Novellen ins Schwedische und legte besonderen Wert auf die kleine Betrachtung »Éloge de la mauvaise Musique« (»Lobrede auf die schlechte Musik«). Er schrieb selbst mehrere Causerien über das Thema. In Ekelöfs Werk hört man oft Echos von Proust. Ich bilde mir zum Beispiel ein, daß die Beschreibung des Diners im Hause Verdurin, für die bei Proust Édmond de Goncourt zuständig ist (siehe die letzte Abteilung des Romans), für Ekelöfs »Der alte Superkargo« eine Rolle gespielt hat.

Jean Santeuil, der Jugendroman, der erst nach Prousts Tod publiziert wurde, ist oft tödlich langweilig, aber wichtig für die Vergleiche mit *Auf der Suche nach der verlorenen Zeit*, zu denen er einlädt. Gallimard hat ihn in einer relativ billigen, dreibändigen Ausgabe mit einem Vorwort von André Maurois veröffentlicht.

Prousts Übersetzung von John Ruskins *Sesame and Lilies* liegt vor in den Editions Complexe, 1987. Prousts wunderbares Vorwort trägt den Titel »Sur la lecture« (»Tage des Lesens«, in: *Nachgeahmtes und Vermischtes*).

Contre Sainte-Beuve, worauf ich in meiner Darstellung ein paarmal hinweise, wurde ebenso wie *Jean Santeuil* erst viele Jahre nach dem Tod des Dichters bekannt. Das Buch ist als ein Präludium zum Roman zu betrachten und hätte schon allein Proust einen Platz in der Weltliteratur gesichert. Die scharfe Abrechnung mit Sainte-Beuve und seiner kritischen Methode, die Proust vornimmt, kehrt im Roman oft wieder. Die Marquise von Villeparisis wird als Sainte-Beuve-Epigonin lächerlich gemacht. Eine Analyse des Sainte-Beuve-Buches findet sich in Mona Vincents Essaysammlung *mellan tystnad och ord* (Zwischen Schweigen und Wort), 1991.

Prousts Briefe liegen in einer großen Anzahl von Ausgaben vor. Dominierend ist *Correspondance de Marcel Proust*, 21 Bände, 1970–1993, herausgegeben und kommentiert von Philip Kolb. Die Briefe sind amüsant zu lesen, nicht zuletzt, weil sie so gut wie nie den Beigeschmack literarischer Dokumente haben. Sie sind Hilferufe, Krankheitsbeschreibungen, Entschuldigungen, Schmeicheleien, Geschäftsmitteilungen bis ins unendliche, Bitten um Unterstützung, Intrigen, Abwehrmaßnahmen, Späße, Listen, Wortspiele. Unendlich amüsant ist nicht zuletzt der langjährige Briefwechsel mit dem Musiker und Komponisten Reynaldo Hahn. Prousts Zärtlichkeit, Erfindungsreichtum und seine Lust an Wortverdrehungen kennen keine Grenzen. Proust liebte ebenso wie Gunnar Ekelöf den Gelegenheitsvers und spickt seine Briefe mit oft erotisch gewagten Reimen. Wenn man seine Briefe liest, meint man, Prousts Stimme in einem der Salons zu hören, die sein Roman schildert, und begreift, warum er dort einen solchen Erfolg hatte. (Auf deutsch liegen vor: *Briefe zum Leben*, *Briefe zum Werk*, *Briefwechsel mit der Mutter*.)

Prousts pfiffige und ergebene Haushälterin viele Jahre hindurch, Céleste Albaret, die im Roman ein paarmal unter ihrem eigenen Namen vorkommt – siehe das Kapitel »Das Kleid« –, veröffentlichte 1973 ein Buch über ihr Zusammenleben mit dem Dichter, *Monsieur Proust*. Auch wenn sie es nicht ganz allein geschrieben hat, macht es einen glaubwürdigen Eindruck und bestätigt Prousts einnehmendes Bild von ihr.

Eine überwältigende Anzahl von Bekannten und Freunden hat über ihren bemerkenswerten Freund erzählt. Prinzessin Marthe Bibescos *Au bal avec Marcel Proust* (*Begegnung mit Marcel Proust*), 1928, das ich gelesen habe, ist genauso flatterhaft und voll von angenehmem Klatsch, wie man es von einer Dame der Gesellschaft erwarten kann. Eine Reihe von Prousts engen Freunden, Lucien Daudet, Reynaldo Hahn, Robert de Billy, die Herzogin Clermont-Tonnerre – sie, die Dame mit dem Spargelrezept, ist auf Seite 73 meines Buches erwähnt –, Marie Nordlinger, die Proust half, Ruskin zu übersetzen, und viele, viele andere haben Bücher über den Dichter publiziert. Ein amüsantes Bild einer Begegnung mit Proust nach dem Ersten Weltkrieg zeichnet der englische Schriftsteller und Politiker Harold Nicolson in seinem Buch *Peacemaking*.

Es gibt eine Reihe von Prachtwerken über und im Umfeld von Proust. Zu den lustigeren gehört *Proust La Cuisine Retrouvée* (*Zu Gast bei Marcel Proust*), herausgegeben von Anne Borrel, Alain Senderens und Jean-

Bernard Naudin. Darin sind die Gerichte, die im Roman erwähnt werden, in prachtvollen Arrangements dargestellt. Françoises Rinderschmorbraten in Gelee erscheint appetitanregend auf einer ganzseitigen Abbildung, und auch der Spargel, der bei der Herzogin von Guermantes serviert wurde, fehlt nicht.

Ich hatte auch große Freude an dem schönen Band *Le Musée Retrouvé de Marcel Proust*, herausgegeben von Yann le Pichon und mit einem Vorwort von François Mitterrand höchstpersönlich. Darin werden in schönen Reproduktionen alle Kunstwerke wiedergegeben und kommentiert, die im Roman eine Rolle spielen.

Im Zusammenhang mit einer Ausstellung 1992 in Chartres, bei der alle in Prousts Roman erwähnten Kunstwerke gezeigt wurden, erschien ein prächtiger Katalog, überwältigend in seiner Gelehrsamkeit und Kostbarkeit.

Von den Proust-Biographien habe ich vor allem gelesen:

George D. Painter, *Marcel Proust: A Biography*, 2 Bde., 1959–1965, Neuausgabe in einem Band 1989 (*Marcel Proust. Eine Biographie*, 2 Bde., 1962/1968).

Ghislain de Diesbach, *Proust*, 1991.

Ronald Hayman, *Proust: A Biography*, 1990.

Diese drei Biographien sind sehr detailliert und umfangreich. Painters genießt mit Recht das größte Ansehen; auf sie beruft sich oft die Pléiade-Ausgabe. Keine von den dreien respektiert immer den Unterschied zwischen dem Privatmenschen Proust und dem Erzähler des Romans. Der Leser sollte sie daher mit skeptischem Blick lesen. Die drei haben sich allzu oft dazu verleiten lassen, erotische und andere Details aus Prousts Privatleben in den Roman zu überführen und vice versa.

André Maurois' *À la recherche de Marcel Proust* (1982 ins Schwedische übersetzt; dt. *Auf den Spuren von Marcel Proust*) ist ein Klassiker innerhalb der Proust-Literatur, brillant wie dieser Schriftsteller normalerweise, doch kaum originell. »Geist«, schreibt Maurois, »war für ihn (Proust) etwas so Natürliches, daß er geistige Spielereien nicht sehr schätzte, dagegen beneidete und bewunderte er die Anmut instinktbegabter Menschen.«

Unter den Proust-Interpreten schätze ich Samuel Beckett am höchsten. Er war ein ganz junger Mann, als er 1931 seinen Essay *Proust* publizierte (1964 von Erik Sandin ins Schwedische übersetzt; dt. *Proust. Essay*, 1960), und er ist der einzige, den ich kenne, der ganz auf dem Niveau des Meisters ist. Torsten Ekbom veröffentlichte 1991 ein außerordentliches Buch über Samuel Beckett, in dem er Becketts und Prousts Beziehung zueinander im Detail analysiert.

Walter Benjamin übersetzte *Sodom und Gomorra* – und gemeinsam mit Franz Hessel *À l'ombre des jeunes filles en fleurs* (*Im Schatten der jungen Mädchen*) sowie *Le côté de Guermantes* (*Guermantes*) – ins Deutsche und schrieb einen entflammten Proust-Essay »Zum Bilde Prousts« (enthalten im Benjamin-Band *Illuminationen*, 1969, sowie in *Gesammelte Schriften*, Bd. II,1).

Gérard Genettes *Narrative Discourse, an essay in method* (das französische Original erschien 1972, die englische Übersetzung 1980, dt. *Die Erzählung*, 1995) war für mich im Kapitel »Die Samstagiade« bedeutungsvoll.

Georges Poulet hat eine Reihe von Studien geschrieben; ich habe gelesen *Studies in Human Time*, 1956 (französisches Original: *Études sur le temps humain*, 1950).

Paul de Mans *Allegories of Reading: Figural Language in Rousseau, Nietzsche, Rilke und Proust*, 1979 (dt. *Allegorien des Lesens*, 1988), ist nicht zuletzt deshalb wichtig, weil de Man zeigt, daß bei Proust alles für etwas anderes steht, als es den Anschein hat.

Der Amerikaner Edmund Wilson spricht in seinem Proust-Essay in der Sammlung *Axel's Castle* (*Axels Schloß*, 1977) über die symphonische Struktur des Romans und betont die Rolle des Schlafs und des Traums für den Erzähler.

Ebenfalls nützlich war mir Lois Marie Jaecks Abhandlung *Marcel Proust and the Text as Macrometaphor*, 1990.

Julia Kristeva, die bulgarisch-französische Literaturwissenschaftlerin und Psychoanalytikerin, bereitet eine Arbeit über Proust vor. In Interviews und Artikeln hat sie Kostproben gegeben. In der schwedischen Zeitschrift *Divan* führte sie im April 1992 ein Gespräch mit Mona Vincent und wies auf einige interessante Sachverhalte hin. Kristeva spricht unter anderem über die Freude bei Proust: »Proust sagt selbst, wenn man die Personen oder Archetypen schafft, wenn man die Kathedrale baut, die das Werk ist, dann ist man in der Freude. Es findet ein ständiges Pendeln zwischen Melancholie und Freude statt, aber die Kunst ist – Verzückung. Die Trauer existiert dort nur als ein Weg zur Verzückung. Das schöpferische Genie wirkt in der Freude.« Das ist schön gesagt.

Kristeva legt großes Gewicht auf die Madeleine-Episode und hat den Namen Madeleine in jedem erdenklichen Proust-Zusammenhang gejagt. Das wird zu einer lustigen kleinen Kavalkade oder Madeleiniade, in der liederliche und erhabene Madeleines auftreten. Bei solchen Ausflügen besteht natürlich die Gefahr, daß der Roman verschwindet, daß Details vergrößert werden, die Ganzheit beiseite geschoben wird. Ein Urteil kann jetzt abgegeben werden, Kristevas Buch liegt inzwischen vor. (Julia Kristeva, *Proust and the Sense of Time*, Faber & Faber, 1993; und das umfangreichere *Le temps sensible. Marcel Proust et l'espace littéraire*, Gallimard, 1994.)

Proust in Schweden

Die schwedische Proust-Literatur ist nicht umfassend. Sigbrit Swahns Buch *En väg till Proust* (Ein Weg zu Proust), 1978, ist liebevoll, gelehrt und ideenreich.

Claes Hylinger und Harald Lyth gaben 1984 eine einnehmende »Reiseschilderung« heraus, *Spår av Proust* (Spuren Prousts).

Knut Jaenssons warmer, engagierter Proust-Essay ist jetzt in der Sammlung *Sanning och särprägel* (Wahrheit und Eigenart) zu lesen. Baron von Charlus dominiert die Gesellschaftsschilderung wie Falstaff Heinrich IV., sagt Jaensson und nennt den Baron eine komische Figur,

»Prousts großen Trumpf im unterhaltenden Genre«. Proust sei, behauptet Jaensson, vor allem Lyriker und Psychologe. Jaensson betont meiner Meinung nach zu sehr die Rolle Bergsons für Proust, doch sein Aufsatz strahlt die Leidenschaft und die Liebe zur Dichtung aus, die alles prägen, was Knut Jaensson schreibt. Seine Bedeutung für den literarischen Geschmack in unserem Land ist sehr groß. Gestatten Sie mir, Ihre Aufmerksamkeit auf das kleine Buch *Fredrik Böök som litteraturkritiker* (Fredrik Böök als Literaturkritiker), 1938, zu richten. Es ist nicht zuletzt deswegen bewundernswert, weil Knut Jaensson Böök gegenüber so großzügig ist, während er zugleich seine kritische Methode ablehnt. Das Buch ist ein schwedisches Pendant zu Prousts Abrechnung mit Sainte-Beuve in dem Buch, das dessen Namen trägt.

Hans Ruin vergleicht in seiner großen Arbeit *Poesins mystik* (Mystik der Poesie), 1935, »das unerklärliche Gefühl von Gegenwart«, das Swann bei Vinteuils Sonate empfindet (und später der Erzähler mit dem Madeleinegebäck), mit dem unmittelbaren Gotteskontakt der Mystiker. Hier findet sich ein großes Thema, das, vermute ich, von französischen Spezialisten weiterentwickelt worden ist.

Viele unserer Essayisten haben sich von Proust faszinieren lassen und oft ihre allerbesten Arbeiten über ihn geschrieben. Göran O. Eriksson beendet einen Artikel mit der Feststellung, wenn man nicht Proust lese, habe man schlechte Voraussetzungen, mehr als die Oberfläche der Literatur zu erfassen, die heute im Abendland geschrieben wird. Carl Rudbeck schrieb 1982 im *Svenska Dagbladet*: »Prousts Stil enthält also den Kern seines kunstphilosophischen Programms. Diese fast manische Besessenheit bei der Beschreibung ist einer der vielen Aspekte, die bewirken, daß Prousts Werk auf die allermodernste Romankunst vorausweist, die ja ebenfalls die Beschreibung auf Kosten der Handlung privilegiert. Ich nenne hier nur Claude Simon.«

Bengt Holmqvists ausführliche Proust-Übersicht ist in Bonniers allgemeiner Literaturgeschichte zu lesen.

In Sven Lindqvists Essaysammlung *Självklara saker* (Selbstverständliche Dinge), 1970, finden sich zwei Proust-Aufsätze. Lindqvist hat sich unter anderem auf die Episode konzentriert, die ich im Kapitel «Großmutters Tod« auf Seite 92 beschreibe. Lindqvists Kommentar lautet: »Der Vorgang ist banal. Doch er enthält Prousts ganze Lebensauffassung im Konzentrat. Die Einsicht, die vermittelt wird, bedeutet eine Abwertung des ganzen Daseins. Gleichzeitig strahlt sie eine seltsame Freude aus, eine Art Verzückung, die überall in Prousts Werk mit der Desillusionierung verquickt ist.«

Mikael Enckell, der das Proust-Interesse von seinem Vater Rabbe Enckell geerbt und es an seinen Sohn Henrik Enckell weitergegeben hat, analysiert in seiner Essaysammlung *Spegelskrift* (Spiegelschrift) zum Teil von psychoanalytischen Ausgangspunkten aus, ähnlich wie Julia Kristeva. Eines von Enckells Argumenten lautet: »Die Allianz zwischen Perversion und Schöpferischem, die Proust etabliert, ist auf der Lust an Blasphemie aufgebaut. Für diesen fast zwanghaft liebenswürdigen, gefallsüchtigen Charakter war die Blasphemie in Erotik und Kunst ein Tor in die Freiheit, ein Ausdruck für das Bedürfnis, dem Heiligen zu trotzen, es zu verhöhnen, mit Füßen zu treten und die Werthierarchien auf den Kopf zu stellen, denen er sich sonst mit solcher Andacht unterordnet. Aus diesem Grund erkennt er mit so tiefer Befriedigung, wie in unmittelbarer Nachbarschaft der Ideale das Laster gedeiht, aber auch, wie auf so ergreifende wie ehrfurchtgebietende Weise die Ideale im Laster reflektiert werden. Damit gießt er die Extreme in seiner Welt zu einer Ganzheit zusammen, überbrückt die Kluften, die sich aufgetan haben, und heilt die Wunden, die aufgerissen worden sind, letztendlich im Dienst der idealen Welt, gegen die er – ebenso wie Lucifer – in Harnisch geraten war, doch die er in seinen Werken hat zurückkehren lassen – ganz.« Henrik Enckells Essaysammlung *Förankringar* (Verankerungen) enthält ein geistreiches Gespräch über Proust zwischen seinem Vater Mikael und ihm selbst.

Kurt Aspelin zog 1964 im *Aftonbladet* einen überraschenden, aber schlagenden Vergleich zwischen Prousts Roman und Bunyans *Eines Christen Reise*: »Die Fahrt führt zu den wechselnden Gegenständen des Verlangens der Seele hin und an ihnen vorbei. Von Freundschaft, Liebe, Gesellschaftsleben, raffinierten ästhetischen Erlebnissen bleibt doch bald nur ein Bodensatz von Bitterkeit und Überdruß. Im selben Augenblick aber zeigt sich die Erlösung. Es ist der Augenblick der ›wiedergefundenen Zeit‹, jener, der aus der Zeit herausgehoben und zu einem Tropfen reiner Ewigkeit geworden ist.«

Örjan Lindberger referiert in *Norrbottningen som blev europé* (Der Norrbottninger, der Europäer wurde), 1986, ausführlich Prousts Bedeutung für Eyvind Johnson.

Noch einige andere Proust-Interpreten, von denen ich gelernt habe, möchte ich hier nennen: Göran Schildt, Peter Cornell, der über die Bedeutung Ruskins für Proust geschrieben hat, Lars-Olof Franzén und Magnus Hedlund.

Anmerkung der Übersetzerin

Für die Zitate aus Marcel Prousts *Auf der Suche nach der verlorenen Zeit* wurde die Übersetzung von Eva Rechel-Mertens zugrunde gelegt; bei Zitaten aus den ersten beiden Bänden wurde auf die von Luzius Keller und Sibylla Laemmel revidierten Ausgaben, *Unterwegs zu Swann* und *Im Schatten junger Mädchenblüte*, zurückgegriffen, die im Rahmen der »Frankfurter Ausgabe« der Werke Marcel Prousts 1994 und 1995 erschienen sind. Die in der »Frankfurter Ausgabe« erschienenen Bände *Nachgeahmtes und Vermischtes* (1989) sowie *Essays, Chroniken und andere Schriften* (1992) wurden ebenfalls herangezogen.

Die deutsche Übersetzung des Zitats aus *Contre Sainte-Beuve* auf S. 14 stammt von Helmut Scheffel. Der gesamte von ihm übertragene Band *Gegen Sainte-Beuve* wird 1996 erscheinen.

Zur Geschichte der Proust-Rezeption in Deutschland siehe Edgar Maas, »Proust in Deutschland lesen«, in: *Marcel Proust, Werk und Wirkung*, hg. von Reiner Speck (Erste Publikation der *Marcel Proust Gesellschaft*), Frankfurt am Main 1982, und Philippe Michel-Thiriet, *Das Marcel Proust Lexikon*, Frankfurt am Main 1992.

Inhalt

Bibliothek Suhrkamp

Verzeichnis der letzten Nummern

1126 Guido Ceronetti, Teegedanken
1127 Adolf Muschg, Noch ein Wunsch
1128 Forugh Farrochsad, Jene Tage
1129 Julio Cortázar, Unzeiten
1130 Gesualdo Bufalino, Die Lügen der Nacht
1131 Richard Ellmann, Vier Dubliner - Wilde, Yeats, Joyce und Beckett
1132 Gerard Reve, Der vierte Mann
1133 Mercè Rodoreda, Auf der Plaça del Diamant
1134 Francis Ponge, Die Seife
1135 Hans-Georg Gadamer, Über die Verborgenheit der Gesundheit
1136 Wolfgang Hildesheimer, Mozart
1138 Max Frisch, Stich-Worte
1139 Bohumil Hrabal, Ich habe den englischen König bedient
1141 Cees Nooteboom, Die folgende Geschichte
1142 Hermann Hesse, Musik
1143 Paul Celan, Lichtzwang
1144 Isabel Allende, Geschenk für eine Braut
1145 Thomas Bernhard, Frost
1146 Katherine Mansfield, Glück
1147 Giorgos Seferis, Sechs Nächte auf der Akropolis
1148 Gershom Scholem, Alchemie und Kabbala
1149 Max Dauthendey, Die acht Gesichter am Biwasee
1150 Julio Cortázar, Alle lieben Glenda
1151 Isaak Babel, Die Reiterarmee
1152 Hermann Broch, Barbara
1154 Juan Benet, Der Turmbau zu Babel
1155 Bertolt Brecht, Die Dreigroschenoper
1156 Józef Wittlin, Mein Lemberg
1157 Bohumil Hrabal, Reise nach Sondervorschrift
1158 Tankred Dorst, Fernando Krapp hat mir diesen Brief geschrieben
1159 Mori Ōgai, Die Tänzerin
1160 Hans Jonas, Gedanken über Gott
1161 Bertolt Brecht, Gedichte über die Liebe
1162 Clarice Lispector, Aqua viva
1163 Samuel Beckett, Der Ausgestoßene
1164 Friedrike Mayröcker, Das Licht in der Landschaft
1165 Yasunari Kawabata, Die schlafenden Schönen
1166 Marcel Proust, Tage des Lesens
1167 Peter Weiss, Die Verfolgung und Ermordung Jean Paul Marats
1168 Alberto Savinio, Kindheit des Nivasio Dolcemare
1169 Alain Robbe-Grillet, Die blaue Villa in Hongkong
1170 Dolf Sternberger, ›Ich wünschte ein Bürger zu sein‹
1171 Herman Bang, Die vier Teufel
1172 Paul Valéry, Windstriche
1173 Peter Handke, Die Stunde da wir nichts voneinander wußten

1174 Emmanuel Bove, Die Falle
1175 Juan Carlos Onetti, Abschiede
1176 Elisabeth Langgässer, Das Labyrinth
1177 E. M. Cioran, Syllogismen der Bitterkeit
1178 Kenzaburo Oe, Der Fang
1179 Peter Bichsel, Zur Stadt Paris
1180 Zbigniew Herbert, Der Tulpen bitterer Duft
1181 Martin Walser, Ohne einander
1182 Jean Paulhan, Der beflissene Soldat
1183 Rudyard Kipling, Die beste Geschichte der Welt
1184 Elizabeth von Arnim, Der Garten der Kindheit
1185 Marcel Proust, Eine Liebe Swanns
1186 Friedrich Cramer, Gratwanderungen
1187 Juan Goytisolo, Rückforderung des Conde don Julián
1188 Adolfo Bioy Casares, Abenteuer eines Fotografen
1189 Cees Nooteboom, Der Buddha hinter dem Bretterzaun
1190 Gesualdo Bufalino, Mit blinden Argusaugen
1191 Paul Valéry, Monsieur Teste
1192 Harry Mulisch, Das steinerne Brautbett
1193 John Cage, Silence
1194 Antonia S. Byatt, Zucker
1195 Claude Lévi-Strauss, Mythos und Bedeutung
1198 Tschingis Aitmatow, Der weiße Dampfer
1199 Gertrud Kolmar, Susanna
1201 E. M. Cioran, Gedankendämmerung
1202 Gesualdo Bufalino, Klare Verhältnisse
1203 Friedrich Dürrenmatt, Die Ehe des Herrn Mississippi
1204 Alexej Remisow, Die Geräusche der Stadt
1205 Ambrose Bierce, Mein Lieblingsmord
1206 Amos Oz, Herr Levi
1208 Wolfgang Koeppen, Ich bin gern in Venedig warum
1209 Hugo Claus, Jakobs Verlangen
1210 Abraham Sutzkever, Grünes Aquarium/Griner Akwarium
1211 Samuel Beckett, Das letzte Band/Krapp's Last Tape/La dernière bande
1213 Louis Aragon, Der Pariser Bauer
1214 Michel Foucault, Die Hoffräulein
1215 Gertrude Stein, Zarte Knöpfe/Tender Buttons
1216 Hans Mayer, Reden über Deutschland
1217 Alvaro Cunqueiro, Die Chroniken des Kantors
1218 Inger Christensen, Das gemalte Zimmer
1219 Peter Weiss, Das Gespräch der drei Gehenden
1220 Rudyard Kipling, Das neue Dschungelbuch
1222 Martin Walser, Selbstbewußtsein und Ironie
1223 Cees Nooteboom, Das Gesicht des Auges/Het gezicht van het oog
1224 Samuel Beckett, Endspiel/Fin de partie/Endgame
1225 Bernard Shaw, Die wundersame Rache
1226 Else Lasker-Schüler, Der Prinz von Theben
1227 Cesare Pavese, Die einsamen Frauen
1228 Zbigniew Herbert, Stilleben mit Kandare
1229 Marie Luise Kaschnitz, Das Haus der Kindheit

Bibliothek Suhrkamp

Alphabetisches Verzeichnis